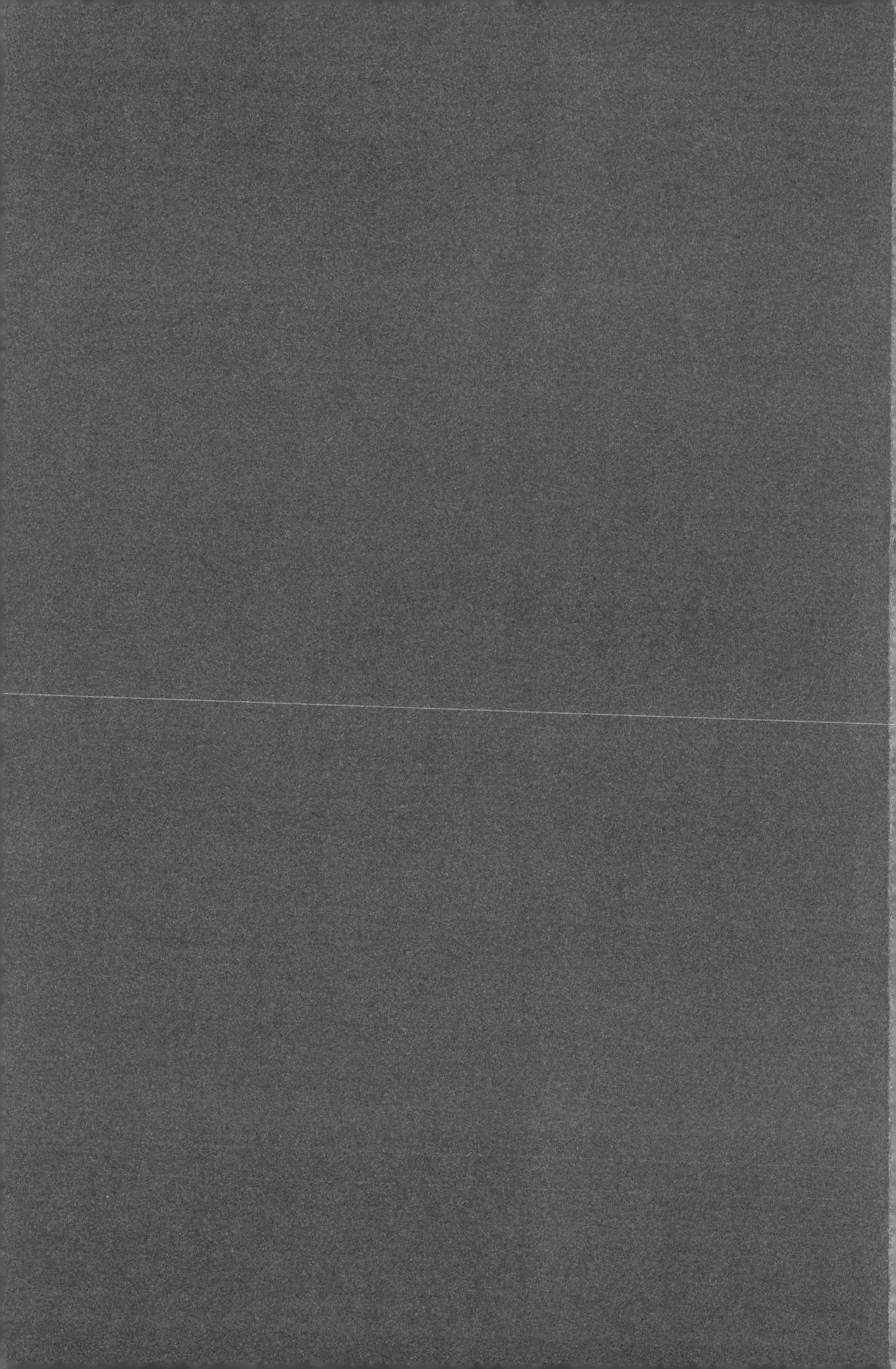

量化投资前沿丛书

量化投资
理论与实务
价值评估的视角

喻崇武◎著

QUANTITATIVE INVESTMENT
THEORY AND PRACTICE
A Perspective of Valuation

本书得到国家自然科学基金青年项目"金融摩擦、杠杆率与经济增长：基于微观数据和HANK模型的研究"（批准号：72003007）、教育部人文社会科学基金青年项目"非金融企业部门债务结构与经济增长：基于金融摩擦视角的研究"（批准号：20YJC790169）以及北京第二外国语学院2021年度青年拔尖人才（团队）培育计划项目"企业技术创新协同战略与风险控制"资助。

经济管理出版社
ECONOMY & MANAGEMENT PUBLISHING HOUSE

图书在版编目（CIP）数据

量化投资理论与实务/喻崇武著 . —北京：经济管理出版社，2021.7
ISBN 978-7-5096-8135-0

Ⅰ. ①量…　Ⅱ. ①喻…　Ⅲ. ①股票投资-量化分析-研究　Ⅳ. ①F830.91

中国版本图书馆 CIP 数据核字（2021）第 137477 号

组稿编辑：王光艳
责任编辑：杜奕彤
责任印制：黄章平
责任校对：张晓燕

出版发行：经济管理出版社
　　　　　（北京市海淀区北蜂窝 8 号中雅大厦 A 座 11 层　100038）
网　　址：www. E-mp. com. cn
电　　话：(010) 51915602
印　　刷：唐山昊达印刷有限公司
经　　销：新华书店
开　　本：710mm×1000mm /16
印　　张：12
字　　数：185 千字
版　　次：2021 年 7 月第 1 版　　2021 年 7 月第 1 次印刷
书　　号：ISBN 978-7-5096-8135-0
定　　价：68.00 元

序

倡导价值投资，促进股市健康发展

经过 30 余年的发展，我国的上海和深圳证券交易所已有 4300 多家上市公司，总市值超过 80 万亿元人民币，成为全球第二大股票交易市场。股市是国民经济的"晴雨表"，它的资金配置功能是吸收社会闲散资金投入企业经营，推动产业升级，促进经济高质量发展；股市的财富效应有利于扩大居民消费，增强消费对经济发展的贡献；股市的分散风险功能与金融稳定密切相关。

企业发行股份是为了从社会上筹集资金，扩大经营能力；投资者购买股份的初衷是获得所投资企业的经营收益（利润分红）。在没有公开的股票交易市场之前，投资者投入的本金不能退出，只能以协商转让等方式收回，限制了投资者资金的流动性，使一些资金所有者不愿意投资企业的股份，影响了社会闲置资金的使用和有效发挥。公开的股票交易市场解决了这个问题，它赋予投资者资金的流动性，使更多的资金（包括少量资金）所有者愿意投资股票，为上市企业发行股票提供了丰富的资金来源。

股票交易市场的交易价格是由众多股票交易者竞价决定的，因此股票的价格一直是变动的。股票交易的价格短期具有较大波动性，而长期取决于上市企业的价值，也就是企业的盈利能力和与之相对应的风险。受信息不对称、交易成本、投资者心理和行为偏差等因素影响，股价较长时间背离价值的情形并不鲜见，但未超出有效市场假说的解释范围。按照有效市场假说，重视企业基本面，利用股票内在价值与市场价格的关系所反映的信息选择投资股票，即价值投资理念，可以获得较好的收益。这一有效市场假说的基本观点在成熟资本市场已被广泛认可，深受本杰明·格雷厄姆、沃伦·巴菲特等投资大师们的推崇，成为他们在股市投资中取得巨大成功的基石。

我国企业的股份制改造和股票交易市场起步较晚。近几年，随着我国法律法规等基础制度的不断完善，股票发行和交易的市场化、法治化改革正在有序推进，公平竞争的市场环境逐步形成，但仍存在一些不能令人满意的问题。当前我国许多投资者的理性意识、价值理念与股市长期健康发展还不相符，大部分散户投资者甚至部分机构投资者对股价形成的基本逻辑认识不清，很少能够真正理解和践行价值投资理念。他们热衷于听消息、炒概念、赌重组，将股市投资狭隘地理解为炒股，频繁换手，使我国的股市换手率远高于成熟资本市场。投资者的非理性行为加大了股市波动，一些投资者的损失巨大，甚至引发恐慌，影响股市投融资功能的充分有效发挥。教育并引导投资者正确认识股票市场发展规律，特别是倡导和践行价值投资理念，是当前和未来一段时期对我国投资者教育的重点工作。

本书是论述价值投资理论与方法的专著，相当程度上弥补了国内这方面著述的不足。他在本书中系统地梳理了关于企业价值评估的理论与方法，结合规范严谨的数量经济分析，构建了基于价值评估的投资模型，深入探索了价值投资理念的真谛及其在股票市场应用的广阔空间。本书精致的行文结构和严谨的逻辑论证，显示出作者推广价值投资的良苦用心和扎实的专业功底。读者如果能够静下心来，跟随本书中严谨而又生动的叙述去思考和实践，理解价值投资的深层逻辑，接受价值投资理念，肯定会在股市投资实践中获益。

我从事投资研究工作几十年，曾兼任中国社会科学院研究生院投资系主任，特别高兴看到研究生院能培养出一批像喻崇武博士这样的青年学者。他们扎根于中国经济的社会实践，以严谨求实的学术规范为社会贡献专业著述，践行了"笃学慎思，明辨尚行"的校训精神。

中国投资协会原会长

2021 年 6 月 15 日

目 录

CONTENTS

4　基于市场的评估：相对估值模型 ································· 069

1

价值投资与基本面量化

⓵.① 基本面量化投资的基本概念

基本面分析，是指通过将定性与定量的方法相结合，分析与公司相关的外部环境、内部资源、经营活动与经营业绩等来衡量证券的内在价值。基本面分析的理论发展和实践应用可以追溯到 Graham 和 Dodd 于 1934 年出版的经典著作 *Security Analysis*。他们指出，对股票的投资应当基于对内在价值的判断，而股票的内在价值是由其基本面因素决定的。在此之后涌现了大量的内在价值评估模型，比如股利折现模型（Williams and Gordon，1938；Gordon and Shapiro，1956）、剩余收益模型（Edwards and Bell，1961）、自由现金流模型（Rappaport，1986；Jensen，1986；Copeland，1990）以及超额收益模型（Ohlson，1995；Felthan and Ohlson，1995）等。

量化投资，是一种以数量化统计分析工具为核心，以程序化交易为手段的现代交易方式。量化投资模型始于 Markowitz（1952）的资产组合理论、Sharpe（1964）和 Lintner（1965）的资本资产定价模型（Capital Asset Pricing Model，CAPM）以及 Fama（1970）的有效市场假说。量化投资模型的基本假定是，市场是有效的，因而量化投资策略在统计意义上具有套利机会。量化投资模型一般必须遵循以下基本原则：第一，应该将坚实的逻辑和理论基础作为支撑进行分析；第二，量化投资模型应该具有持续性和稳定性，即便为公众所知也仍然能够盈利；第三，要能够有效地控制风险，因为任何超额收益都是相对于一定风险水平而言的。

基本面分析和量化投资具有诸多方面的差异。首先，在基本假定上，基本面分析认为市场是无效的，股票的市场价格偏离于其内在价值；而量化投资模型通常假定市场整体是有效的。其次，在投资范围上，基本面分析聚焦于特定公司或行业，致力于深度挖掘影响股票内在价值的基本面信息；而量化投资则利用计算机技术跟踪大量股票，其重点是通过模型来实现自动地、批量化地选择股票并执行交易。最后，在方法与操作流程上，基本面分析注重采用定性方法，通过深入研究公司的外部环境、内部资源与能力以及经营业绩来评估企业价值并据此做出投资决策，是一种高深度、低广度的投资方法；而量化投资则基于对公司的一些粗浅分析，利用数学和统计学理论构建模型，采用计算机算法做出投资决策，是一种低深度、高广度的投资方法。

基本面量化投资是量化投资与基本面分析相结合的产物，是近几年备受关注的一种智能量化投资方式（Lee and So，2015；张然、汪荣飞，2015）。其核心是分析股票基本面因素和风险溢价之间的收益，对股票收益做出准确预测。它最早始于量化投资者采用的一些特殊风格指数，比如成长指数和价值指数（Sloan，2019；石川等，2020）。基本面量化模型的基本原理是，通过将一些能够提供超额收益的公司特征纳入到量化投资模型，使其兼具基本面分析和量化投资的主要优点。一方面，基本面分析为量化模型的建立提供更加坚实的逻辑和理论支持，使其避免单纯地依靠统计概率来获得收益；另一方面，量化模型通过权衡风险和收益构建符合投资者目标的投资组合，并通过考察大量的历史数据对业绩进行归因，使投资方式具备更好的可持续性和可复制性。

1.2　股票价格的决定因素

📖 1.2.1　市场的有效性

如果资本市场是有效的，即不存在交易成本（如交易佣金等）、证券持有成本（如与卖空股票有关的成本等）和信息成本（如获取与公司实际经营状况相关的成本等）等，股票的市场价格就会充分反映当前公开的与公司相关的信息。股票市场价格等于企业的内在价值，即未来现金流的折现值。如果发生新的冲击使企业内在价值产生改变，那么人们一旦获得这些信息，市场就会迅速调整，使价格重新等于内在价值。这意味着，股票的定价在任何时点上，相对于投资者拥有的信息来说都是对的，不存在错误定价，因而没有任何人或者交易策略可以提前利用公开信息赚取超额利润。

然而市场上的诸多事实并不支持有效市场假说。一方面，一些早期的研究发现，未来现金流的波动程度远不足以解释股票价格的波动程度，股票价格波动的幅度和频率远远高于未来现金流（Shiller，1981，1984）。另一方面，当新的会计信息公布后，股票价格的调整是一个连续的过程，会持续一段时间，而不是立即调整到新会计信息对应的精确股价（Dyckman and Morse，1986）。甚至一些研究发现了盈余公告后的股价漂移现象，好消息被公布后股价有持续上涨的趋势，而坏消息公布后股价有持续下跌的趋势（Bernard and Thomas，1989）。这些现象意味着资本市场并非完全有效的，而是可能处于一种弱有效的状态。人们对股票的内在价值可能缺乏一致性的信念，或者除内在价值外股票价格还受到交易者情绪等噪声的影响。

Shiller（1984）提出了一个简单的噪声交易者模型。他将交易者分为聪明投资者（Smart-Money Investors）和噪声投资者（Ordinary Investors）。聪明投资者能够合理地预期股票收益并做出无偏的反应，由于受到财富的限制他们不能购买市场上的全部股票。假定他们对股票的需求与市场回报率呈线性关系，$Q_t = (E_t(R_t) - \rho)/\varphi$。其中，$Q_t$ 表示聪明投资者的需求份额；$E_t(\cdot)$ 表示预期；$R_t = (P_{t+1} - P_t + D_t))/P_t$ 是股票市场的实际回报率，包含股利和资本利得，P_t 是股票价格；ρ 是他们对股票恰好无需求的预期实际报酬率；φ 是他们持有股票的风险溢价。噪声投资者不依据基本面信息进行交易，可能对收益率新闻做出过度反应。记他们对股票的需求份额为 Y_t/P_t。股票的价格由股票市场上的需求和供给决定，市场出清时股票价格可以表述为：

$$P_t = \sum_{i=0}^{\infty} \frac{E(D_{t+i}) + \varphi E(Y_{t+i})}{(1 + \rho + \varphi)^{i+1}} \tag{1-1}$$

股票价格等于聪明投资者的预期股利和 φ 乘以普通投资者股票需求之和，然后用折现率（$\rho + \varphi$）折现的现值。这意味着，股票价格由内在价值（未来股利折现值）和非理性的噪声投资者的需求共同决定。两者的重要性取决于 φ，当 φ 等于零时，股票价格等于其内在价值；当 φ 趋于无穷大时，股票价格仅仅受到非理性的噪声投资者需求的影响，内在价值在定价上起不到任何作用。

在存在噪声交易者和套利限制的情形下，股票价格是不等于其内在价值的。根据行为金融理论，由于投资者在认知方式上存在偏差和局限性，股票价格并非只由企业的内在价值决定，投资者情绪与行为对证券市场的价格决定和变动也具有重大影响。这意味着，即便不存在套利限制，在短期证券市场上仍然具有套利的机会。市场中还长期存在一些异象，如果不是来自套利的限制，则说明人们的预期普遍过高或者推动这些异象产生并维持的力量足够大。然而，在足够长的时期内，这些异象最终会回归正常。

📖 1.2.2 股票价格的分解

Shiller（1984）的研究说明了股票市场并非完全有效，股票价格除了受到基本面价值的影响，还受到投资者情绪、行为以及对股票内在价值预期的不一致性等因素的影响，因此，短期内股票价格不能完全反映基本面价值。但是他的研究可能夸大了噪声投资者的影响，因为模型为聪明投资者设置了一个固定的折现率。这个假定是十分严苛的，没有考虑到投资者对风险的预期及不同风险补偿的变化。

在一系列后续的研究中，比如 Campbell 和 Shiller（1988）、Campbell（1991）以及 Campbell 和 Ammer（1993），考虑了折现率的变化。他们基于股利增长模型，进一步地将收益率变化分解为现金流新闻冲击和折现率新闻冲击。然而他们的研究主要集中于对整个股票市场的加总收益进行分解，Vuolteenaho（2000，2002）进一步拓展，用 ROE 来衡量基本面因素，对企业层面的股票价格进行了分解。这里简要说明 Vuolteenaho（2000，2002）的分解过程。

在干净盈余关系的假定下，市净率的对数可以表示为：

$$\log\left(\frac{P_{t-1}}{BV_{t-1}}\right) = a_{t-1} + \sum_{i=0}^{\infty}\rho^i r_{t+i}^{lexc} - \sum_{i=0}^{\infty}\rho^i(ROE_{t+i} - r_{t+i}^f) \qquad (1-2)$$

其中，P_t/BV_t 是账面市值比；ROE_t 是权益报酬率；a_t 是一个常数加上误差项；ρ 是折现率；$r_t^{lexc} = \log(1+r_t^f+r_t^{exc}) - \log(1+r_t^f)$，是对数形式的股票超额回报率；$r_t^{exc}$ 表示简单股票超额回报率；r_t^f 是无风险利率。股票超额回报率又可以表示为：

$$r_t^{lexc} = E_{t-1}(r_t^{lexc}) + \Delta E_t\left[\sum_{i=0}^{\infty}\rho^i(ROE_{t+i} - r_{t+i}^f)\right] +$$

$$\Delta E_t\left(\sum_{i=0}^{\infty}\rho^i r_{t+i}^{lexc}\right) + \Delta E_t(a_{t-1}) \qquad (1-3)$$

其中，$\Delta E_t(\cdot)$ 表示从 t-1 期到 t 期的预期变化，等号右边第一项表示上一期对超额收益的预期；第二项表示现金流新闻冲击；第三项表示折现率新闻冲击；最后一项代表除现金流新闻冲击和折现率新闻冲击之外的其他因素，包含残差变化和模型设定偏误等。这意味着出乎预料的股票价格变化主要来自现金流新闻和折现率新闻。现金流新闻一般包含企业盈利以及盈利能力的变化，而折现率新闻包含投资者预期风险的变化，包含经营风险、债务违约等（Chen and Zhao, 2009; Chee et al., 2013）。因此，股票价格在总量上取决于理性投资者和非理性投资者的投资行为，而在个股层面取决于现金流和折现率的冲击。

📖 1.2.3　股票价格的时间维度

在不同的时间尺度，股票价格的驱动因素也不一样。通常说来，在极短期，比如以秒、分钟或者小时计，股票价格的波动主要受到订单执行的动态和高频交易者的行为驱动（Barclay and Warner，1993；Bessembinder，2003；Menkveld，2016；McGroarty et al.，2018）。在短期，比如以小时、天或者周计，股票价格的波动主要受到新闻周期（如财经新闻、产品发行、合同签订、案件诉讼以及政策发布等）的驱动（Rothenstein et al.，2011；Cruz et al.，2013；Boudoukh et al.，2013；Schumaker and Maida，2018）。在更长的时间尺度，比如以周、月、季、年或者企业生命周期计，股票价格的波动主要受到企业经营管理和财务报告信息等（如利润、营业收入、资产、股利以及负债等）的驱动（Goedhart et al.，2005；Dimson et al.，2017）。

股票价格在不同时间尺度上受到不同因素的影响已经得到大量实证研究的支持。一些研究发现，资本资产定价模型（Capital Asset Pricing Model，CAPM）的表现取决于有限时间尺度，这会导致收益率和风险之间的动态关系随时间尺度的变化而变化。比如，Handa 等（1989，1993）发现，使用不同的收益率间隔将导致相同股票的贝塔值不同，CAPM 能够支持年度的收益率，但不支持月度的收益率。Brailsford 和 Faff（1997）发现，在 CAPM 中使用月度收益时结果是显著的，但使用每日收益结果不显著，而使用每周收益的拟合结果是最佳的。Gencay（2005）采用小波分析方法对时间序列数据进行多尺度的分解，重新估计 CAPM 模型，发现平均股票收益率与市场溢价之间的关系随着时间尺度的增加而变得更强。Fama 和 French（2015，2016，2017）利用相似的方法在不同时间尺度上比较了 Fama-French 三因子模型和 Fama-French 五因子模型的有效性。Bera 等（2020）进行了更加深入细致的研究，他们基于 1963~2018 年的数据，对每一个时间序列进行 2~4 个月、4~8 个月、8~16 个月、16~32 个月以及 32~64 个月五个时间尺度的小波分解后，对不同的资产组合进行检验，发现各个风险因子对平均收益率的影响在不同的时间尺度上不同，系数和显著程度差异都很大。

在不同的时间尺度下各驱动因素对收益率影响不同的观点，除了在最基本的 CAPM 模型、Fama-French 三因子模型和 Fama-French 五因子模型中得到验证外，在更加宽泛的模型中也得到了验证。Bender 等（2018）在研究因子择时的过程中发现，在不同的时间尺度上不同的因子对收益率的预测能力及方向都不同。他们从金融条件、宏观经济周期、动量、估值指标以及风险情绪维度选取 48 个因子，在 3 个月、6 个月及 12 个月的时间尺度上分别对 1972～1989 年和 1990～2010 年两个时间段的股票收益进行回归，发现不同时间尺度和不同时间段的结果相差巨大。

（1.3）价值投资的基本原理

📖 1.3.1 股票的内在价值与相对价格

人们常常购买资产，是因为预测这些资产将在未来产生现金流。这意味着，资产的价值并非人们认为它值多少钱，而是取决于该资产未来能够产生的预期现金流。如果信息完全，能够准确地知道未来的现金流和折现率，那么将未来现金流折现得到的资产价值就是其真实价值，也被称为其内在价值。

估计企业内在价值的模型有很多，依据其特征可以分为三大类：折现现金流模型、相对估值模型和实物期权模型。折现现金流模型通过折现未来现金流来估计企业的内在价值，包含股利折现模型、可支付股利模型、权益自由现金流模型、公司自由现金流模型以及剩余价值模型等。相对估值模型常常通过一系列的比率，比如市盈率、市销率、市净率以及公司价值与现金流比率等，在一组可比公司之间进行比较，判断相对价格的便宜或者昂贵程度。实物期权模型主要在面临项目投资、战略决策以及其他或有事项时估计公司的价值，也能够用于评估多阶段不确定决策的企业价值。我们这里采用将风险纳入折现率的一般形式的折现现金流模型分析股票内在价值的影响因素。

$$V_0 = \sum_{t=0}^{\infty} \frac{E_0(CF_t)}{(1 + r_t^e)^t} \tag{1-4}$$

其中，V_0 表示估值时刻（0时刻）企业的内在价值，$E_0(CF_t)$ 表示在估值时刻对企业未来的预期，CF_t 和 r_t^e 分别表示 t 时期的权益现金流和相应的权益折现率。在股利折现模型中，现金流和折现率分别表示股利和权益资本成本；在权益现金流折现模型中，现金流和折现率分别为权益自由现金流和权益资本成本。根据式（1-4），我们发现股票的内在价值受到三个因素的影响，即当期现金流、未来现金流的增长率和用折现率衡量的风险。

内在价值的评估比较复杂，但相对价值的估计就要简单得多。相对估值的基础是相似资产在市场上的定价。相对估值法包含三个基本步骤：第一，寻找在市场上已经有定价的相似资产，分析师们常常利用同行业的企业作为相似企业，但这样做并不一定合适。第二，将价格缩放到一个公共变量，比如各种比率，以生成一个可比较的标准化价格。第三，调整差异，以比较标准化的价格。相对价值评估的核心是，比较相似企业之间的价格。为了发现比率的决定因素，以市盈率为例，采用恒定股利增长模型估计内涵的价格。内涵的市盈率可以分解为：

$$\frac{P_0}{EPS_0} = PE = \frac{b \times (1 + g)}{r_e - g} \tag{1-5}$$

其中，P_0 表示内涵的价格；EPS_0 表示每股收益；b 表示利润留存率；g 表示股利增长率；r_e 表示权益资本成本。式（1-5）表明公司的内涵的市盈率取决于公司的股利政策、股利增长率和权益资本成本。如果我们分解其他的相对估值指标也会得出相似的结论：相对估值指标与内在价值紧密相关，都取决于现金流、增长率和公司的风险。这意味着，我们不能通过简单地比较一些常见的比率而判断股票价格是否便宜。

📖 1.3.2 价值投资的基本逻辑

价值投资是世界上较古老，也是较流行的投资方式。关于价值投资理念，最早的描述可以追溯到 Graham 和 Dodd（1934）。他们建议投资者关注证券的内在价值，尤其是发现内在价值与市场价格之间的差异。投机因素导致市场价格偏离内在价值，由此产生的差异存在一种内在趋势，即通过价格与价值之间的调整来纠正自身差异。因此，预期以低于内在价值的价格购买证券将产生优异的长期投资业绩。根据价值评估的方式，可以将价值投资分为两类：基于相对价值的价值投资和基于内在价值的价值投资。

第一类是基于证券的相对价格评判便宜程度，并做出投资决策。Fama 和 French（1992）普及了使用账面市值比作为相对价值的度量标准的做法，而 Lakonishok 等（1994）则使用账面市值比和滞后一年的市盈率作为相对价值的度量标准。价值指数提供商在价值指数构建中也采用相似的比率。比如，富时罗素使用账面市值比率；标准普尔使用账面市值比率、滞后年度价格股利比率、滞后年度市销率和滞后年度现金流量—价格比率的加权平均值；道琼斯指数使用账面市值比率、下一年度市盈率的一致性预期、滞后年度市盈率和价格股利比率的加权平均值。这些比率的分子都在试图捕捉证券的内在价值，然后除以相应的市场价格，来度量证券的相对价值。但是这种用于识别证券相对价值的方法忽略了许多与价值相关的属性，比如未来现金分配的时间、与现金分配相关的风险以及投资的流动性。

第二类是估算企业的内在价值，与市场价格比较，并选择适合投资的股票。由于模型本身的复杂性并且容易参杂模型构建者的主观判断，这一类价值投资在业界并不常见。生命周期回报公司（LifeCycle Returns, Inc.）基于一系列的内在价值评估方法构建自动化现金流折现模型衡量企业的内在价值，来执行其投资策略。但是在学界研究比较丰富，除了早期涌现的大量内在价值评估模型外，最近二十年仍然还有不少进展。Kaplan 和 Ruback（1995）采用压缩的调整现值法，即调整现值法和用无杠杆公司权益成本折现税盾相结合的一种方式，度量企业的内在价值。Frankel 和 Lee（1998）采用剩余价值模型估计企业的内在价值。Bakshi 和 Chen（2005）采用股利折现模型来衡量股票的内在价值。Lazzati 和 Menichini（2018）通过构建一个动态的可支付股利折现模型来衡量股票的内在价值。

价值投资的基本逻辑可以总结为以下基本步骤：第一，使用与股票及其基础业务有关的现有数据（如经营绩效、战略、公司治理以及外部环境等）来预测每只股票的未来收益能力；第二，根据收益能力和当前市场价格估计股票的预期收益；第三，通过对预期收益率进行排名，确定其相对价值，根据属性和相对价值对投资进行分组，在风险更大、流动性更差的组合中加入适当的"安全边际"。企业通过提供最终将增加顾客价值的经营活动，进而创造股东权益价值。因此，价值投资的首要步骤是分析企业基本面的特征。企业在为顾客和股东创造价值的同时，并非都在为股票投资者创建收益。股票投资者的收益来自买卖价差，因此需要借助相对价格和内在价值来判断未来股价的运动趋势，进而预测投资收益率。但任何收益都伴随着风险，投资者应当在给定风险的前提下，尽可能选择最大化收益。

因此，价值投资的基本逻辑就是：基于对企业经营行为和经营绩效的深刻理解来评估股票的真实价值，并与股票的实际市场价格比较，选择高质量但廉价的股票。

1.4 基本面量化的基本逻辑

传统价值投资的分析着眼于分析公司所处的宏观环境、行业背景，结合公司的商业模式和业务状况对公司未来的现金流形成合理的预期，只要公司当前及未来现金流的现值高于目前的市场平均预期（体现为当前股价），该公司便是一个较好的投资标的。基本面量化投资秉承相似的逻辑，试图运用更客观、系统的方法将这个逻辑批量化。目前基本面量化的主要载体是多因子模型，它主要通过价值因子来识别便宜的股票，通过质量因子来识别高质量的股票。

1.4.1 基本面量化投资模型的主要载体

到目前为止，基本面量化投资模型的主要载体是多因子模型。多因子模型的理论根植于资本资产定价模型（Capital Asset Pricing Model，CAPM）和套利定价理论（Arbitrage Pricing Theory，APT）。自 Fama 和 French（1993）提出第一个多因子模型以来，学术界对多因子模型的研究持续了近 30 年。其间，很多新的模型先后被提出，它们对人们认知市场产生了深远的影响。多因子模型的基本形式如下：

$$E(r_i^{exc}) = \alpha_i + \beta_i'\lambda \tag{1-6}$$

其中，$E(r_i^{exc})$ 表示资产 i 的预期超额收益；α_i 表示资产的实际预期收益与多因子模型的预期收益之间的差异，它可能来自模型设定偏误，如果不是模型偏误那么可能意味着通过套利获得超额收益的机会；β_i 表示资产的因子暴露或者因子载荷；λ 表示因子预期收益或者因子溢价，它包含多个对预期收益率的解释变量，每一个解释变量代表了一个因子。多因子模型假定资产的预期超额收益由式（1-6）右侧的一系列因子的预期收益率和资产在这些因子上的暴露决定。如果某个资产 i，实际预期收益率与多因子模型隐含收益率之间的误差 α_i 显著地异于零，则称这个资产为一个异象。多因子模型也被称为公式化的投资。

如果多因子模型中包含了基本面因子，定量使用这类风格因子进行的基本面投资就成为基本面量化投资。目前很多主流的多因子模型中都包含了基本面因子，比如 Fama-French 三因子模型就包含了规模和价值两个维度的基本面因子。表 1-1 列示了当前学术界主流多因子模型中的基本面因子及其构造原理。

表 1-1　学术界主流多因子模型中的基本面因子及其构造原理

多因子模型	主要研究	基本面因子及其构造原理
Fama-French 三因子模型	Fama 和 French（1993）	规模：小市值—大市值 价值：高账面市值比—低账面市值比
Carhart 四因子模型	Carhart（1997）	规模：小市值—大市值 价值：高账面市值比—低账面市值比
Novy-Marx 四因子模型	Novy-Marx（2013）	价值：高账面市值比—低账面市值比 盈利：高毛利率—低毛利率
Fama-French 五因子模型	Fama 和 French（2015）	规模：小市值—大市值 价值：高账面市值比—低账面市值比 盈利：高 ROE—低 ROE 投资：低总资产变化率—高总资产变化率

续表

多因子模型	主要研究	基本面因子及其构造原理
Hou-Xue-Zhang 四因子模型	Hou 等（2015）	规模：小市值—大市值 盈利：高 ROE—低 ROE 投资：低总资产变化率—高总资产变化率
Stambaugh-Yuan 四因子模型	Stambaugh 和 Yuan（2017）	规模：小市值—大市值 管理：在股票净发行量、符合股权发行量、应计利润、经营业资产、总资产周转率以及投资和总资产比六个维度的平均排名，低—高 表现：在财务困境、O-score、动量、毛利率和总资产回报率五个维度平均排名，低—高
Daniel-Hirshleifer-Sun 三因子模型	Daniel 等（2020）	长周期行为：过去五年的复合股权发行量或者过去一年的股票净发行量排名，低—高

📖 1.4.2　多因子模型中的常见价值因子和质量因子

除了这些主流的多因子模型，一些更加注重基本面分析的多因子模型引入了更多的基本面因子。这些模型将它们分为两类，即价值因子和质量因子。其中，价值因子用于衡量股票的市场价格的便宜程度，主要采用的指标包含市盈率、市净率、市销率和企业价值倍数等相对估值倍数。表1-2列示了当前多因子模型中最常见的价值因子及一些经验研究发现的价值因子与股票预期收益率之间的关系。

表1-2　常见的价值因子与股票预期收益率之间的关系

因子	定义	与股票预期收益率的关系
市盈率	每股市场价格/每股净利润	其倒数与预期股票收益率之间倒"U"形关系（Fama and French，1992） 其倒数与预期股票收益率正相关，但一定时间后会出现均值回归（Fuller et al.，1993） 负相关（O'Shaughnessy，2011） 总的来说是负相关，但应与市净率一起使用（Penman and Reggiani，2014）

续表

因子	定 义	与股票预期收益率的关系
市净率	每股市场价格/每股净资产账面价值	负相关（Fama and French，1992） 负相关，低市净率股票收益更稳定（O'Shaughnessy，2012） 负相关，低市盈率、高 ROIC 的股票收益率最高（Tortoriello，2009）
市销率	企业市场价值/营业收入	负相关，低市销率风险更小（O'Shaughnessy，1998）
企业价值倍数	企业价值/税息折旧及摊销前利润（EBITDA）	负相关（Gray and Vogel，2012） 在控制投资资本回报率后，呈负相关关系（Tortoriello，2009）

Asness 等（2019）将质量因子定义为由盈利能力、成长性和安全性这三个维度构成的复合因子。Hou 等（2019）也考察了上述质量因子的定义，并形成基本一致的结论。国外一些早期的文献，在质量维度还考虑了股利支付率。李斌和冯佳捷（2019）在构建中国公司的质量因子时也考虑了股利支付率。张然和汪荣飞（2015）将质量扩展到包含盈利能力、经营效率、盈余质量、投融资决策和无形资产五个维度。表 1-3 列示了一些常见的质量因子及定义。

表 1-3 常见的质量因子及定义

质量维度	因子	定义
盈利能力	资产回报率	净利润/平均总资产
	权益回报率	净利润/平均净资产
	投资资本回报率	[息税前利润×（1-所得税税率）]/（固定资产+无形资产+流动资产-流动负债-现金）
	销售利润率	营业利润/营业收入
	平均股东权益收益率	净利润/平均所有者权益
成长能力	各项盈利能力指标增长率	通常采用一个经营周期或者 5 年的平均增长率
	总资产增长率	通常采用一个经营周期或者 5 年的平均增长率
	营业收入增长率	通常采用一个经营周期或者 5 年的平均增长率
经营效率	经营资产周转率	营业收入/平均净经营资产
	存货周转率	营业成本/平均存货余额

续表

质量维度	因子	定义
安全性	M-score（度量财务造假的可能性）	f(应收账款指数、毛利指数、资产质量指数、营业收入指数、折旧率指数、销售管理费用指数、财务杠杆指数、应计系数)
	Z-score 或 O-score（衡量财务困境的可能性）	f(盈利增长指数、资产报酬率、流动比率、长期负债股东权益比、营运资本/总资产、资产周转率)

注：其中 f(·) 表示函数。

📖 1.4.3　基本面量化的基本逻辑

用价值因子选择价格便宜的股票，用质量因子选择质量高的股票。基本面量化投资的基本逻辑就是通过构建一个多因子模型的框架，将价值因子和质量因子统筹起来，分别赋予一定的权重，并结合计算机技术批量化地实践价值投资的理念：通过购买低价格高质量的股票获得超额收益。

为了兼顾非基本面的市场因素对股票价格的影响，基本面量化模型在多因子框架中还融入了市场因子、动量因子和换手率因子等非基本面因素，最终形成一个兼顾理性投资者和非理性投资者行为影响的收益率模型。当然，任何一个因子在进入收益率模型之前，都要经过大量的测试，以保证其确实能够预测未来的股票收益和带来增量信息。这些测试包含单变量分组检验、多变量分组检验以及 Fama-Macbeth 横截面回归等，只有通过了这些检验因子才能被纳入模型。

在投资中，任何收益都是与风险相生相伴的。为了控制权衡风险和收益，基本面量化模型通常还构建一个风险模型来控制风险。通过收益率模型与风险模型的结合，选择个股的权重构建最优的投资组合，以期在既定风险的前提下实现最大化投资收益。

此外，为了检验投资组合是否真正产生超额收益，确定超额收益和风险的来源，以及评估各因子的表现，以改进模型帮助下一期形成更好的预测，基本面量化模型还会进行业绩和风险的归因分析。到下一期，再利用改进的模型进行投资。如此循环往复。

这就是基本面量化投资模型的基本原理与构建逻辑。

1.5 当前基本面量化模型存在的主要问题与本书的贡献

前面我们简要介绍了当前基本面量化投资模型的构建原理与基本逻辑，它兼顾了股票价格、股票背后企业的内在价值以及投资组合的风险三个方面的内容，总的来说，框架已经比较完备，并在投资实践中常常能够取得优于传统量化模型的变现。当前基本面量化模型尽管看起来似乎令人满意，但是我们认为它仍然存在诸多方面的不足。

第一，在构建模型时，通常直接照搬公司财务报表上的信息来构建价值因子和价格因子，而这些报表显示的是企业会计信息而不是估值信息，这些会计数字本身并不直接体现其在价值和价格上的真正含义。

第二，它基于价值因子与预期收益率之间的线性关系来识别和选择便宜的股票。但是这种做法至少存在两个方面的弊端。一方面，价值因子与预期收益率之间的关系常常并非是线性的；另一方面，价值因子并非独立地与股票价格存在某些关系，价值因子本身还受到其他基本面因素的影响。这两方面的弊端导致价值因子的预测能力是有限的，难以选择真正便宜的股票。

第三，即便目前对质量因子的定义逐渐趋于一致，即包括盈利能力、成长性和安全性，但并没有一个合理的框架将这几个维度有效地整合起来，而是独立地或者利用一些简单线性组合的方式将它们堆砌在一起，形成一个所谓的"质量"的概念。但这个"质量"并不能实现其衡量股票内在价值的目的，因此，就难以准确地筛选出真正有价值的股票。

第四，在不同时间尺度上，股票价格的驱动因素及其影响程度不一样，但目前的模型并没有采用恰当的方法进行区分，而是基于一个统一的时间尺度来考察因子对收益率的影响。这种混淆的模型难以保证其选股能力是持续有效的。

因为这几个方面的缺陷，目前的基本面量化投资模型虽然相对纯量化投资模型有一定的优势，但其表现还是不尽如人意，仍然在很大程度上依靠概率取胜。深究其背后的原因，主要是模型构建者们并没有深刻地领会价格与价值的内涵，以至于不能真正地批量化地践行价值投资的理念。

为了解决以上这些问题，进一步改进基本面量化投资模型和完善相关理论，本书系统、严谨地梳理了关于价值评估的理论与方法，并在此基础上重构基本面量化投资的逻辑，以真正实现价值投资理念。本书主要的贡献如下：

第一，从价值评估和价值创造的角度重新解读企业的会计信息，并相对系统地提供了将会计信息转化为估值信息的方法，以期解决第一个问题。

第二，系统地梳理了内在价值评估和相对价值评估的理论、模型与方法，全面阐释了相对价格和内在价值的含义及其影响因素。这有利于读者深刻理解价值与价格的含义及它们之间的区别，并为基本面量化投资模型打下坚实的理论基础。

第三，基于相对价值评估理论和价值创造观，构建了一个基于相对价格的基本面量化投资模型。在该模型中，我们呈现了当前基本面量化模型面临的两类"价值陷阱"，并构建了全新的价值创造因子和相对价格因子，以选择相对于可比公司或者公司自身来说，真正便宜的股票。

第四，构建了一类基于内在价值评估的基本面量化投资模型。实际上，这类模型才是价值投资理念完美的践行者。我们系统地介绍了模型选择、评估和调整的方法与技术，构建了两类内在价值因子，以选择相对于企业内在价值来说真正便宜的股票。

此外，我们还详细地介绍了模型构建与估计中涉及的相对于以往多因子模型更加合理的工具与技术，以帮助读者即学即用，构建出符合自身目标的优秀的基本面量化投资模型。

2

理解财务报表——基于价值评估的分析

财务报表是对企业财务状况、经营成果和现金流量的结构性描述，是价值评估和基本面分析的重要信息来源。会计立足于现在和过去一段时间企业的经营成果来衡量的价值，而估值分析师主要预测未来，从前瞻性角度来评估价值。在本章，我们立足于财务报表，从基本的会计处理出发，主要从价值评估的角度来分析财务报表。我们试图回答以下几个问题：

其一，直观地看，当前一个企业值多少钱？对于这个问题，我们从会计方面评估一个企业的资产、负债和所有者权益的价值。

其二，一个企业过去的盈利能力怎么样？对于这个问题，我们通过考察企业的利润表来进行分析。

其三，一个企业的资产和收入具有多大程度的不确定性？对于这个问题，我们基于常用的会计财务比率和一些经典的预测财务操纵和财务困境的模型进行回答。

其四，企业的经营活动是创造价值，还是在损害股东的价值？对于这个问题，我们通过构建财务经济学指标来进行考察。

(2.1) 财务报表概论

在回答前述几个问题之前，读者有必要先了解一些关于企业财务报表的基本知识。我们从三个方面来简要介绍这些知识：第一，财务报表的基本构成；第二，企业编制和披露财务报表时需要遵循的一些基本规则；第三，三个主要的财务报表，即资产负债、利润表和现金流量表之间的关系。

📖 2.1.1 财务报表的基本构成

一般地，财务报表包含资产负债表、利润表、现金流量表、所有者权益变动表和附注。按照不同的编报期间，财务报表可以分为中期财务报表和年度财务报表，其中中期财务报表包含月报、季报和半年报。按照编报主体的不同，财务报表可以分为个别财务报表和合并财务报表。个别财务报表是由企业在自身会计核算基础上对账簿记录进行加工而编制的财务报表，反映自身财务状况、经营成果和现金流量情况。合并财务报表的主体是包含母公司和子公司的企业集团，反映企业集团的财务状况、经营成果和现金流量情况。

对于投资者快速了解公司财务状况而言，最重要的是资产负债表、利润表和现金流量表。资产负债表（见表2-1）包含资产、负债和所有者权益三个方面，是企业经营活动的静态体现。利润表（见表2-2），也常常被称为损益表，记录一定会计期间内公司的收入、费用，并计算企业的利润和损失，反映企业在该期间内的经营成果。现金流量表（见表2-3）将企业的现金流量按用途分为经营活动现金流、投资活动现金流和筹资活动现金流三个部分，反映公司对现金的使用情况。

表 2-1　资产负债表

资产		负债和所有者权益	
长期实物资产	固定资产	短期义务	流动负债
短期资产	流动资产	长期义务	非流动负债
对其他企业的资产和证券的投资	金融投资	其他长期义务	其他负债
非实物资产	无形资产	对企业的股权投资	所有者权益

表 2-2 利润表

企业销售商品或提供劳务获得的总收入	营业总收入
与销售收入相关的成本和费用	-营业费用
经营期间的营业利润	=营业利润
与借款或者其他财务活动相关的费用	-财务费用
基于应纳税所得额的税收	-相关税费
经营期末属于普通股股东和优先股股东的利润	=净营业利润
与主营业务无关的损失或收益	-(+) 非常规损益
由于会计调整产生的损益	-(+) 会计政策变动引起的收入变化
支付给优先股股东的股利	-优先股股利
	=普通股股东的净利润

表 2-3 现金流量表

期间经营活动产生的息税后净现金流	经营活动现金流
期间投资活动产生的息税后净现金流	+投资活动现金流
发行或回购股票、发行或偿还债务等筹资活动产生的息税后净现金流	+筹资活动现金流
	=企业净现金流余额

📖 2.1.2 编制和披露财务报表的一些规则

企业财务报表的编制需要依据相关的会计准则。国际上较流行的两类会计准则分别是国际会计准则理事会（International Accounting Standards Board，IASB）2002 年发布的国际财务报告准则（International Financial Reporting Standards，IFRS）和美国财务会计准则委员会（Financial Accounting Standards Board，FASB）发布的美国公认会计准则（Generally Accepted Accounting Principles，GAAP）。前者主要在欧盟、英联邦国家和中国香港等地区使用，而后者为美国证券交易监督委员会（Securities and Exchange Commission，SEC）所采用。中国同时参考了 IFRS 和 GAAP，于 2006 年 2 月颁布了与国际财务报告准则基本一致的《企业会计准则》，该准则于 2007 年 1 月 1 日起在上市公司范围施行，并于

2014 年进行了部分修订。因此，对中国上市公司财务数据进行分析，建议采用 2007 年之后的数据。

对于上式公司而言，财务报告的披露也必须遵循一定的规则。中国证券监督管理委员会《上市公司信息披露管理办法》规定，上市公司年度报告应当在每个会计年度结束之日起 4 个月内编制完成并披露，中期报告应当在每个会计年度的上半年结束之日起 2 个月内编制完成并披露，季度报告应当在每个会计年度第 3 个月、第 9 个月结束后的 1 个月内编制完成并披露。一般地，季度报告不需要经过审计，而年度报告需要经过审计。中期报告可以不经审计，但如果公司拟在下半年进行利润分配、以公积金转增股本、弥补亏损以及中国证券监督管理委员会和交易所要求的其他情形，应当经过审计才能披露。因此，在量化投资分析时，为了保证公司间的可比性和避免前视误差，分析师们应统一在当年 4 月末至 7 月末使用一季度报告，在 8 月末至 9 月末使用中期报告，在 10 月末至下年 3 月末使用三季度报告，在下年 5 月使用年度报告。中国上市公司财务报告披露时间具体如表 2-4 所示。

表 2-4　中国上市公司财务报告披露时间

定期财务报告	披露时间	是否需要审计	使用时间
第一季度报告	当年 4 月 30 日之前	否	4 月末至 7 月末
中期报告	当年 8 月 31 日之前	视情况而定	8 月末至 9 月末
第三季度报告	当年 10 月 31 日之前	否	10 月末至下年 3 月末
年度报告	下一年 4 月 30 日之前	是	下年 5 月

2.1.3　三大报表之间的关系

对财务报表进行深入分析，我们还需要理解报表之间的勾稽关系。比如，在运用公司自由现金流模型评估企业价值时，我们需要知道如何利用资产负债表、利润表和现金流量表以及它们之间的关系，来预测增长、现金流和资本成本。接下来，我们分别介绍三大报表之间的主要勾稽关系。

2.1.3.1 资产负债表与利润表之间的勾稽关系

资产负债表与利润表之间的勾稽关系主要体现在三个方面：①资产负债表中未分配利润期末数与期初数之间的差额，等于利润表中的净利润减去分红。②购入交易性金融资产时所支付的手续费、发放现金股利和出售该类资产时发生的损益，以及持有至到期投资和长期股权投资的投资收益，都计入投资收益项目。③资产负债表上净资产余额期末数与期初数之差，等于资本投入余额与留存收益余额之和的期末数与期初数之差。

2.1.3.2 资产负债表与现金流量表之间的关系

资产负债表与现金流量表之间的关系，主要体现在各类项目期末数与期初数之间的差额等于现金流量表相应项目的现金流量，具体体现在以下几个方面：①资产负债表上流动负债合计项目余额的期末数与期初数之差，等于现金流量表中收入与债务的变化之和。②资产负债表中长期负债合计项目余额的期末数与期初数之差，等于现金流量表中长期负债的变化。③资产负债表中除未分配利润之外的所有者权益合计期末数与期初数之差，等于现金流量表中资本的变化。④资产负债表中未分配利润余额期末数与期初数之差，等于现金流量表中销货净收入加上投资收益、营业外收入和利润分配，再减去经营费用总额、营业税金和营业外支出。⑤资产负债表中除货币资金以外的流动资产合计余额期末数与期初数之差加上存货变动，等于现金流量表中债券的变化。⑥资产负债表中固定资产合计项目的余额期末数与期初数之差，等于现金流量表中固定资产原价和在建工程的变化扣除累计折旧的变化。⑦资产负债表中长期投资项目的余额期末数与期初数之差，等于现金流量表中长期投资的变化。⑧资产负债表中无形、递延资产和其他资产项目的余额期末数与期初数之差，等于现金流量表中无形、递延资产和其他资产的变化。

2.1.3.3 现金流量表与利润表之间的关系

现金流量表与利润表之间的关系，主要体现在利润表的权责发生制与现金流量表的收付实现制之间的转换关系，主要体现在以下几个方面：①企业计提的资产减值准备（如坏账准备、存货跌价准备、长期股权投资准备、持有至到期投资减值准备、无形资产减值准备等）是利润的减少项目，但没有发生现金流出，计算现金流时应加回。②固定资产折旧与无形资产的摊销，在计算利润时被扣除，但并没有现金流出，在计算现金流时也应当加回。③属于投资活动，但不属于经营活动的损益（如处置固定资产、固定资产报废损失、公允价值变动损失、投资收益、财务费用、无形资产和其他长期资产的损益等）在计算利润时已经做了调整，在计算现金流时应当做出相应的处理。④递延所得税资产（或负债）导致当期所得税费用金额不等于当期应交所得税金额时，其差额没有发生现金流出，但在计算净利润时已做调整，在计算现金流时应当做反向调整。

②.2 资产和义务的会计度量

在分析公司财务报表时，我们通常最先想知道的是其拥有资产和义务的类型、价值以及价值的不确定程度。会计报表对资产和义务进行分类比较出色，在估值方面表现平平，但在报告价值的不确定性上就不尽如人意了。我们先简要考察会计处理资产、负债和所有者权益的一些基本原则，然后再讨论它们的估值问题。

📖 2.2.1　衡量资产和义务的会计原则

2.2.1.1　衡量资产的会计原则

资产是指企业拥有且能够合理度量，可能在未来增加现金流入或减少现金流出的资源。在会计方面，资产价值一般依据历史成本进行计量。历史成本是资产购买时的原始成本，在资产被购买后，其会因为资产的改进（或与账龄等相关的损失）而向上（或下）调整，得到各时间点的账面价值。资产评估一般遵循三个原则：第一，账面价值是对资产价值的最佳估计，除非有特别重大的原因，否则会计师不会选择其他度量方法；第二，不信任市场对资产价值的估计，会计师通常认为资产的市场价格波动过于频繁且容易被操纵，以至于无法用作资产价值的估计；第三，倾向于低估价值而不是高估价值，如果存在多种资产评估方法，会计师一般会选择使用其中最保守的估算方法。

2.2.1.2　衡量义务的会计原则

与资产价值相似，对企业义务的价值评估也受到会计原则的影响。首先，根据义务性质将融资来源分类为负债和所有者权益。如果一项义务无法避免，或引起义务的交易已经发生，该义务会在未来导致现金流出的增加或现金流入的减少，则它可以被归类为负债。其次，会计师也认为基于历史成本和会计调整的账面价值，而不是预期未来现金流量或市场价值，能够更好地估计公司的负债和股权的价值。

📖 2.2.2　资产的价值评估

在资产负债表中，资产一般分为三类：第一，固定资产，包括公司的长期资产，如厂房、设备、土地和建筑物等；第二，短期资产，包括流动资产（如存货、应收账款和现金等）以及金融投资（如对其他公司资产和证券的投资等）；第三，无形资产，除了可能在未来创造收益的专利和商标之类的资产，还可能含有一些独特的会计资产（如由于公司收购而产生的商誉等）。我们分类考察资产在会计上的价值评估。

2.2.2.1　固定资产

会计师通常以购置成本对固定资产进行初始估值，并根据使用时间和资产的寿命进行折旧。折旧方法主要包含直线法（假定资产价值损失的速度在其整个生命周期中保持不变）和加速折旧法（假定资产在早期损失得较快，而在后期损失较慢）。虽然税法常常会限制公司对资产寿命和折旧方法的选择，但公司在这些决策上仍然具有很大的灵活性。许多公司在财务报告中使用直线折旧法，而将加速折旧法用于税收目的。

2.2.2.2 流动资产

短期资产包含流动资产、投资和有价证券。流动资产包括存货、现金和应收账款等。这一类别资产中，尤其是在评估有价证券方面，会计师的估值比较接近于证券的市场价格。

应收账款是企业通过赊销方式出售产品或提供服务而获得的一种债权。会计按销售时的票据金额计入公司的应收款项。它的主要估值问题是，公司必须确认无法收回的应收账款。企业可以计提部分准备金来弥补赊销中的预期坏账，应收账款会因为计提准备金而减少，或者在坏账发生时予以确认，公司相应地减少应收账款。但是如果没有明确成为坏账，企业就有可能继续将已经知道不太可能收回的款项列为公司资产。

现金是会计师和估值分析师就价值达成一致的少数资产之一。虽然现金余额的价值不应该存在估计误差，但现实中很少有公司持有常规意义上的现金。公司通常将现金投资在计息账户、商业票据或国库券中，以赚取投资回报。无论哪种情况，现金的市场价值都可能会偏离其账面价值。尽管这几种投资的违约风险很小，但利率变动仍然会影响其价值。

存货的价值一般有三种评估方法：先进先出法（FIFO）、后进先出法（LIFO）和加权平均法。第一，先进先出法。在该方法下，所售商品的成本根据当期最早购买的物料成本来确定，而存货成本根据晚些时候采购的物料成本确定。这导致存货的价值接近当前的重置成本。在通货膨胀期间，该方法将导致较低的销售成本以及较高的利润。第二，后进先出法。在该方法下，出售商品的成本是根据当期较晚时候所购买的物料成本确定的，但存货是根据早些时候购买的物料成本进行估价的。在通货膨胀期间，使用该方法将导致较高的销售成本以及较低的利润。第三，加权平均法。在加权平均法下，存货和已售商品成本等于当期所有已购物料的平均成本。

在通货膨胀率较高的时期，企业通常采用后进先出法来高估销货成本，降低当期利润，以获得税收优惠。会计一般要求在每年末，通过比较账面价值、可变现净值或市场价格，来对存货价值进行重新调整。由于不同的存货评估方法会对利润和现金流量产生影响，导致难以比较使用不同方法的公司的获利能力。但是选择后进先出法的公司一般会在附注中说明后进先出法和先进先出法之间的存货价值差异，即后进先出法准备金。我们可以利用它来调整期初、期末存货以及销货成本，以重新估计先进先出法下的利润。

2.2.2.3　投资和有价证券

投资和有价证券包含公司对其他公司的证券或资产以及其他有价证券（包括国库券或债券）的投资。这些资产的估值方式取决于投资的分类和动机。通常，对另一家公司证券的投资可分为少数被动投资、少数主动投资和多数主动投资，会计处理会根据分类的不同而有所不同。

如果持有另一家公司证券或资产占该公司所有权的比重小于20%，则通常将这项投资视为少数被动投资。根据持有动机的不同，会计一般将这些资产分为持有至到期投资、可供出售金融资产以及交易性金融资产。第一，持有至到期投资依据历史成本或账面价值进行评估，获得的利息或股利列示在损益表中。第二，可供出售金融资产的估值按市场价值计算，但未实现的损益列示在资产负债表的其他综合收益中，显示为权益的一部分。第三，交易性金融资产的估值按市场价值计算，未实现的损益列示在损益表中。这种分类可确保为交易而持有其他企业证券的公司（如投资银行），能够在每个时期都基于市场水平对资产价值重新进行评估。但值得注意的是，这种按市值计价的精神在资产泡沫时期（如2008年）容易引起较大的金融风险。

如果持有另一家公司证券或资产占该公司所有权的比重在20%～50%，则该投资通常被分类为少数主动投资。这类投资在会计中用权益法进行处理，即将初始购置成本计入资产，当被投资公司盈利或亏损时，用基于所有权比重的净收入和亏损的比例份额来调整购置成本。如果从被投资公司获得股利，则用于冲减购置成本。在清算投资之前，不考虑这些投资的市场价值；出售该项投资时，相对于账面价值产生的损益计入当期收益。

如果持有另一家公司证券或资产比重超过该公司总所有权的50%，则该投资通常被分类为多数主动投资。在这种情况下，需要合并两家公司的财务报表，即采用合并报表法。它与权益法有所不同，在权益法中只有从投资中获得的股利才在现金流量表中显示为现金流入。在清算所有权之前，不考虑该投资的市场价值；如果出售该项投资，市场价格与公司股权净值之间的差额计入当期损益。

2.2.2.4 无形资产

无形资产包括专利、商标以及商誉等。会计上对无形资产的度量也因类型而异。

专利和商标的估值取决于其是内部产生，还是从外部购买所得。如果是内部产生的，支出分为前期的研究费用和后期的开发成本。研究费用在期间内作为费用支出，此时无形资产的价值不体现在公司的资产负债表中。而符合一定条件的开发成本应当资本化，列入资产负债表中。如果无形资产是从外部购买所得，则将其作为资产列入资产负债表。

无形资产必须在其预期使用寿命内摊销。在中国，除外购的软件（最短可为2年）外，无形资产摊销期限最短不能低于10年。一般采用直线法进行摊销。税法通常不允许企业摊销没有特定使用寿命的无形资产。

商誉是企业并购活动的副产品。当企业收购另一家公司时，将购买价格按公允价值依次分配给有形资产和无形资产（如专利或商标），如果还有剩余，则归属于商誉。尽管会计准则表明，商誉可以捕获任何无法明确识别的无形资产的价值，但实际上它反映了被收购公司资产的公允价值与支付价格之间的差异。商誉也会随着时间进行摊销，会计要求收购公司每年评估被收购企业的价值。如果被收购公司的价值下降，则必须减少商誉的价值；但是如果被收购公司的价值上升，则不能增加商誉以反映这一变化。

📖 2.2.3　负债的价值评估

会计将负债分为流动负债、非流动负债以及其他长期义务。接下来，我们将研究对每种义务的衡量方式。

2.2.3.1　流动负债

流动负债包含公司一年或者一个会计周期内将要到期的所有债务，主要包括应付账款、短期借款、到期的长期借款以及其他短期负债。第一，应付账款，是因购买材料、商品和接受劳务供应等经营活动应付但是还未付的账款。第二，短期借款，是为维持正常生产经营所需的资金或为抵偿某项债务而从银行或其他金融机构等外单位借入的、还款期限在一年以下或一个经营周期内的各种借款。第三，到期的长期借款，是长期债务中一年或一个会计周期内将要到期的部分。随着到期日临近，其市场价值和账面价值应趋于一致。第四，其他短期负债，包括应付雇员的工资和应付政府的税款等。在资产负债表中，如果没有欺诈行为或重大违约风险，流动负债的账面价值的会计估计和市场价值的财务估计通常比较接近。

2.2.3.2　长期债务

公司的长期债务主要有两种形式：从金融机构获得的长期贷款和在金融市场发行的长期债券。会计人员依据借款时约定应付资金的现值来衡量长期债务的价值。就银行贷款来说，其价值等于贷款的名义价值。而就债券来说，当债券以票面价值发行时，长期债务的价值等于借入的本金；当债券按面值溢价或折价发行时，债券按发行价入账，溢价或折价在债券的存续期内摊销。比如，发行零息票债券的公司以发行价记录债务，这大大低于债券的面值，发行价格和票面价值之间的差额在每个期间摊销并作为可抵税的非现金利息费用。值得注意的是，当市场利率变化时，债务的现值也会相应变化，但这种变化一般不体现在资产负债表上。如果提前偿还债务，账面价值与到期偿还的金额之间的差额作为非经常性损益列示在损益表中。

2.2.3.3 其他长期负债

公司经常承担一些未计入长期债务项目的长期义务，包括承租人对公司租赁资产的义务、以养老金和尚待支付的医疗福利的形式表示对雇员的义务以及以递延税款的形式表示对政府的义务。在过去十余年中，会计越来越倾向于量化这些义务，并将其显示为长期负债。这里主要考察对租赁的处理。

公司有时选择租赁资产而不是购买它们。租金与债务利息所产生的义务性质相似，因而处理方法也相似。租赁有两种方式，即经营租赁和融资租赁。在经营租赁中，出租人仅将财产的使用权转让给承租人，租赁期结束时，承租人将财产退还给出租人。由于承租人不承担所有权风险，租赁费用在损益表中作为营业费用，不影响资产负债表。在融资租赁中，承租人承担部分所有权风险并享有相关利益，需要在资产负债表上确认为资产和负债。公司可以对融资租赁的资产进行折旧，每年都要减去租金中的利息费用部分。一般而言，融资租赁比经营租赁更早地确认费用。依据会计准则，当一项租赁符合以下四个条件之一时，则应被视为融资租赁：第一，租赁寿命超过资产寿命的75%；第二，在租赁期结束时，所有权转移给承租人；第三，承租人可以在租赁期末以低价购买资产；第四，租赁付款的现值超过资产公允市场价值的90%。

📖 2.2.4 所有者权益的价值评估

在会计上，所有者权益通常以历史成本计量。资产负债表上显示的权益价值反映了公司发行股票时获得的原始收益，依据收益、亏损以及支付的股息进行调整。

对于所有者权益，有三个值得注意的地方。第一，如果公司在短期内回购股票，目的是重新发行股票或用其来支付期权，则可以将回购的股票显示为库存股。但不允许公司长期保留库存股，应当用回购股票的价值来调减权益账面价值。由于回购按当前市场价格发生，所以股票回购可能导致权益账面价值显著下降。第二，在长期内遭受重大损失或进行大量股票回购的公司，其权益的账面价值可能会显示为负。第三，被归类为可供出售金融资产的未实现损益也在资产负债表中显示为权益账面价值的变动。

尽管与债务相似，优先股常常要求定期支付股息，但优先股的股息支付可以递延或累计，而没有违约风险，因此，相对于破产清算而言，优先股的无担保义务特征与股权相似。

2.3　盈利能力的度量

公司的盈利能力如何？它从投资资产中赚取了什么？这些是我们希望财务报表回答的第二类问题。

2.3.1　衡量盈利的会计原则

会计上，衡量收益和盈利能力主要基于两个原则。第一，权责发生制。以权利和责任的发生来决定收入和费用的归属期，比如销售商品的收入在出售商品或提供服务的期间确认。这与基于现金的收付实现制不同，在收付实现制中，收款时确认收入，付款时记录费用。第二，将收入与支出按运营、融资和资本进行分类。营业费用是在本期为创造收益而发生的支出，如生产本期要出售的产品所花费的成本。融资费用是企业为筹集非股权性资金产生的费用，如利息支出。资本支出是为了在将来产生收益而发生的支出，如购买土地或建筑的成本。

2.3.2　盈利能力的度量

2.3.2.1　收益的度量

收入有许多不同的来源，会计一般将损益划分为四个部分：持续经营收入、非持续经营收入、非经常性损益以及会计政策变动调整。

大部分财务分析都是基于公司的预期未来收益进行的，因此，知道公司的收益中有多少来自于持续运营，有多少收益可以归因于异常事件非常重要。从这个角度，公司将支出分为运营支出和非经常性支出也是很有用的。非经常性项目包括：第一，不寻常或不经常发生的项目（Unusual or Infrequent Items），如资产或部门资产剥离产生的损益、注销或重组成本等。公司有时将此类项目作为运营支出的一部分。第二，非常项目（Extraordinary Items），是指性质上不寻常、不常发生且影响重大的事件。比如与高息债券和低息债券再融资相关的会计收益，以及公司持有有价证券的收益或损失。第三，终止经营业务（Discontinue Operations），比如公司逐步退出期间的损益。第四，与会计政策变更相关的损益，它衡量由公司自愿进行的会计政策变更（如存货估价方法的变更）和新会计准则要求的会计变更所产生的收益变化。

2.3.2.2 盈利能力的度量

虽然利润表提供了净利润和每股净利润（Earnings Per Share，EPS）等指标，使我们能够估计一家公司的绝对盈利情况，但对于价值分析来说，使用比率来衡量公司的获利能力更加重要。这里介绍几个常见的度量盈利能力的指标。

（1）总资产收益率。一家公司的总资产收益率（Return on Total Assets，ROTA）衡量其在受到融资影响之前，所有资产产生利润的运营效率。

$$ROTA = EBIT(1-T)/总资产$$

其中，息税前利润（EBIT）是损益表中营业收入的一种会计计量，总资产是指使用会计准则［大多数资产使用账面价值（BV）］计量的资产。另外，总资产收益率也可以写成：

$$ROTA = [净利润 + 利息费用(1-T)]/总资产$$

通过将融资效应与运营效应分开，资产收益率可以更清晰地衡量这些资产的真实收益率。当公司或部门面临的税率不同时，还可以使用息税前利润在不对税项进行调整的前提下，计算税前 ROTA：

$$税前 ROTA = EBIT/总资产$$

这几种方法都使用总资产作为除数，可能会低估拥有大量流动资产的公司的盈利能力。

（2）投资资本回报率。投资资本回报率（Return on Invested Capital，ROIC）将营业收入与公司投资资本联系起来，其中投资资本为债务和权益的账面价值之和，但不包括现金。它不仅提供了更真实的回报率度量，而且将其与资本成本进行比较，以衡量企业的投资质量。

ROIC ＝EBIT(1-T)/（债务的账面价值+权益的账面价值-现金）

其中，分母被称为投资资本，用于衡量经营资产的账面价值。权益和债务的账面价值都可以是起初数值，也可以是期间的平均值。公司的资本回报率可以分解成销售营业利润率和资本周转率的函数：

$$ROIC=\frac{EBIT(1-T)}{销售收入}\times\frac{销售收入}{资产账面净值}=税后营业利润率\times总资产周转率$$

因此，企业可以通过提高营业利润率或更有效地利用资本来增加销售额，以达到较高的 ROIC。这两个变量都可能存在竞争约束和技术约束，但是公司仍然可以在这些约束范围内自由选择利润率和资产周转率的组合，以最大化 RO-IC。资本回报率在不同业务的公司之间差异很大，这主要是由利润率和总资产周转率的差异所致。

（3）经营资产回报率。如果将 ROIC 计算公式中的分母所示的投资资本替换为净经营资产，即经营性资产减去经营性负债，则得到净经营资产回报率（Return on Net Operating Assets，RONOA）。类似地，也可以将 RONOA 分解为税后营业利润率和净经营资产周转率。

对投资资本回报率和经营资产回报率进行分解后，可以发现公司的盈利能力主要来自两个方面，即销售利润率和资产周转率。前者主要取决于商品的定价能力，包含产品差异性、顾客忠诚度、品牌效应等；而后者主要取决于资产使用和管理效率，包括固定资产使用效率、存货管理及其他营运资本管理的效率。

（4）股东权益回报率。资本回报率衡量整个公司的盈利能力，而股东权益回报率（Return on Equity，ROE），有时也被称为净资产收益率，从股本投资者的角度考察获利能力，是净利润与权益账面价值的比率：

$$ROE = 净利润/普通股的账面价值$$

由于优先股需要定期支付固定的股息，因此，分子为扣除优先股利后估算的净利润，分母为普通股的账面价值。股东权益回报率是付息后的收益，受到资本结构的影响。如果一家公司借钱为项目融资并在项目上赚取了 ROIC，而该项目的 ROIC 超过了其为债务支付的税后利率，则该公司能够通过借贷来提高ROE。不包括现金在内的 ROE 可以写成：

$$ROE = ROIC + \frac{债务账面价值}{权益账面价值}[ROIC - 利息费用(1-T)]$$

分解之后的 ROE 就能识别出债务的影响。其中，等号右边第一项是投资资本回报率，第二项表示财务杠杆引起的收益。

2.4 风险的衡量

随着时间的推移，一个企业的资产和收入具有多大程度的风险？这是在投资分析中需要回答的第三个问题。一般地，风险的度量方式可以分为三类：第一，会计通常运用一些基本的财务比率来显示风险；第二，以公司进行财务操纵，甚至财务造假的概率度量风险；第三，以公司陷入财务困境的可能性度量风险。本节简要介绍这三类风险的度量方式。

📖 2.4.1 基本的财务比率

风险的会计计量大致可以分为两类。第一，披露有关潜在义务或价值损失的信息，这些信息显示在资产负债表的附注中，主要用于警告潜在或当前面临重大损失的可能性。第二，采用一些静态比率衡量公司资金的流动性和违约风险。

2.4.1.1 附注

财务报表附注中的内容非常重要，主要包括：企业所采用的主要会计处理方法；处理方法的变更情况、变更原因及其对财务状况和经营业绩的影响，发生的一些非经常性项目，一些或有事项，以及其他对理解和分析财务报表重要的信息等。会计人员可以从附注中发现一些重大的风险信息。比如，一家公司在诉讼案件中是被告，可能在未来承担某些义务，这些义务一般作为或有债务报告在附注中。

2.4.1.2 衡量企业财务风险的比率

除了附注，会计通常用一些比率作为衡量企业财务风险的基础。公司的财务风险可以分为短期流动资金风险和长期偿付能力的风险。短期流动资金风险，主要来自于当前业务融资的需要可能得不到满足。长期偿付能力的度量，旨在检验企业偿还长期利息和本金的能力。衡量短期流动资金风险的比率主要有流动比率、速动比率以及必要融资周期；衡量长期偿付能力风险的比率包含利息覆盖率、固定费用覆盖率和财务杠杆率等。

（1）流动比率。流动比率（Current Ratio）是公司的流动资产（包含现金、存货和应收账款）与流动负债（下一期到期的债务）之比：

$$流动比率=流动资产/流动负债$$

如果当前比率低于1，则表明公司明年将要到期的债务比它可以转换为现金的资产要多，这意味着较大的流动性风险。传统会计要求，公司的流动比率应当保持在2以上，但要在最小化流动性风险与占用的净营运资金现金（净营运资金＝流动资产−流动负债）之间进行权衡。过高的流动比率也可能意味着公司在存货管理方面出现问题。

（2）速动比率。速动比率（Quick Ratio）是流动比率的一个变体，区分了可以快速转换为现金（现金、有价证券）的流动资产和不能迅速转换为现金（存货和应收账款）的流动资产：

$$速动比率=（现金+有价证券）/流动负债$$

排除应收账款和存货并不是一成不变的规则。如果有证据表明某一项应收账款或存货可以快速转换为现金,那么,可以将其包括在速动比率中。

(3) 必要融资周期。必要融资周期(Required Financing Period)是衡量公司需要筹集多少资金来满足正常运营的资金需求,它与周转率和周转天数紧密相关。通过考察应收账款、应付账款、存货、销售收入以及销货成本之间的关系来衡量营运资金管理的效率:

$$应收账款周转天数=365/(销售收入/平均应收账款余额)$$

$$存货周转天数=365/(销货成本/平均存货余额)$$

$$应付账款周转天数=365\times[(主营业务成本+期末存货成本-$$
$$期初存货成本)/平均应付账款余额]$$

由于应收账款和存货是资产,而应付账款是负债,所以可以将这三个周转天数组合起来,估计公司需要筹集多少资金来满足营运资金需求:

$$必要融资周期=应收账款周转天数+存货周转天数-应付账款周转天数$$

一般来说,必要融资周期越长,企业面临的短期流动性风险越大。

(4) 利息覆盖率。利息覆盖率(Interest Coverage Ratio)度量的是企业利用息税前利润支付利息的能力:

$$利息覆盖率=EBIT/利息支出$$

利息覆盖率越高,公司从收益中支付利息的能力就越强。但值得注意的是,息税前利润并不稳定,两家公司可能具有相同的利息覆盖率,但在风险方面可能完全不同。

可以对利息覆盖率计算公式中的分母(利息支出)进行扩展以涵盖其他固定义务,如租金等。如果这样做,得到的比率称为固定费用覆盖率:

$$固定费用覆盖率=固定费用前 EBIT/固定费用$$

该比例仍然是一个收益的概念,但是可以对分子和分母进行适当调整,从现金流方面展示偿付义务的能力:

$$现金固定费用支付比率=EBITDA/现金固定费用$$

由于不考虑资本支出,因而利息覆盖率和固定费用覆盖率常常受到批评。现金流在短期内可能是可自由支配的,但如果公司想要保持增长,则不会在长期内自由支配。可以计算经营现金流量与资本支出的比率，来考虑资本支出：

$$经营现金流与资本支出比率=经营现金流/资本支出$$

其中，经营现金流$=EBIT(1-T)+$折旧$-$营运资金变化净额，它衡量了持续经营活动的现金流量。

（5）债务比率。利息偿付比率用于衡量公司偿还利息的能力，但不考虑公司能否偿还本金。债务比率（Debt Ratios）通过将债务与总资本或权益相关联，来考虑本金的偿还能力。

$$债务资本比率=债务/（债务+权益）$$

$$债务权益比率=债务/权益$$

债务资本比率度量了债务在公司总资本中所占的百分比，债务权益比率度量了债务与权益账面价值的比率。虽然这些比率假设仅从债务和权益中筹集资金，但可以拓展，包括其他融资来源，如优先股。

债务比率有两种近似的变体。第一种是仅使用长期债务而不是总债务，因为短期债务不会影响公司的长期偿付能力：

$$长期债务资本比率=长期债务/（长期债务+权益）$$

$$长期债务权益比率=长期债务/权益$$

由于一些公司可以轻松地转移短期债务，而且许多公司愿意使用短期融资为长期项目提供资金，所以这些变体可能会误导该公司的财务杠杆风险。

债务比率的第二种变体是使用市场价值（MV）而不是账面价值，主要是为了反映一些公司的借贷能力比账面价值所表明的要大得多的事实。许多分析师反对使用市场价值，认为市场价值除了难以获得债务外，还具有波动性，因而不可靠。这些争议到目前为止并没有定论。的确，没有公开交易债券的公司很难获得债务的市场价值，但是股权的市场价值不仅容易获得，而且会不断更新以反映整个市场和公司特定的变化。此外，在债券不交易的情况下，使用债务的账面价值作为市场价值，不会显著改变大多数基于市场价值的债务比率。

2.4.2 财务操纵的度量

前面介绍的财务比率显得十分简单，但依赖于一个基本的假定，即所使用的会计信息是真实的。但事实上，在权责发生制下，收入和支出的估计依赖于会计处理和主观信念。这给企业留下了足够的操纵空间，管理人员可能为了达成某些目的而损害盈余质量。度量财务操纵有两类常见的模型，预测应计利润操纵的 Jones 模型和识别财务操纵的 M-score 模型。

2.4.2.1 Jones 模型

应计利润是公司净利润与经营性净现金流的差异。由于应计利润的确认在很大程度上依赖于会计处理和主观估计，因而在现实中应计利润存在很大的可操纵空间。企业管理层可能为了使当期盈余符合自身利益，而对盈余进行操纵，进而使公司的利润信息产生扭曲。Healy（1985）、De Angelo（1986）、Jones（1991）以及 Kothari 等（2005）的一系列研究假定应计利润基本是不可靠的主观估计和操纵，因此，将其作为衡量盈余操纵程度的指标。他们提出了一个应计利润的分解方式，认为一部分应计利润是伴随经营活动自然而然产生的，即非操作性应计利润，而另一部分则是由会计处理和管理层操纵引起的，称为可操纵应计利润。Jones 模型的基本表达式如下：

$$TA_{i,t} = \beta_0 + \beta_1(1/ASSET_{i,t-1}) + \beta_2\Delta SALES_{i,t} + \beta_3 PPE_{i,t} +$$
$$\beta_4 ROA_{i,t(或t-1)} + \varepsilon_{i,t}$$

其中，TA 表示调整后的应计利润总额；β_0 表示常数项；$\Delta SALES$ 和 PPE 分别表示滞后一期总资产标准化后的销售收入变化和净固定资产总额；ROA 表示总资产收益率；ε 是残差项，代表可操纵利润总额。在进行同行业配比后，该模型在统计学上表现十分优异。

2.4.2.2 M-score 模型

不同于单一的应计利润指标，基于 1982~1993 年被美国证券交易委员会调查、处罚，被媒体报道并引起财务中枢的美国上市公司样本，Beneish（1999）采用一个 Probit 模型，预测上市公司进行财务操纵的可能性，即 M-score 模型。该模型具体的表达式如下：

$$M_i = \beta' X_i + \varepsilon_i$$

其中，M 是一个哑变量，取 1 表示财务操纵，取 0 则表示在样本期间未进行财务操纵；β 为待估系数；X 为解释变量，包含表 2-5 中的八个指标；ε 为误差项。将公司相应的解释变量数值代入公式，得到的值越大，则预测该公司进行财务操纵的可能性越大。但是 M-score 模型存在误用，很多分析师直接利用 Beneish（1999）回归系数乘以特定公司的解释变量数值来构造 M-score 模型。

表 2-5　M-score 模型解释变量

指标	名称	计算公式
DSRI	应收账款指数	$\dfrac{\text{当期应收账款占营业收入比例}}{\text{上期应收账款占营业收入比例}}$
CMI	毛利率指数	$\dfrac{\text{上期毛利率}}{\text{当期毛利率}}$
AQI	资产质量指数	$\dfrac{\text{当期非实物资产比例}}{\text{上期非实物资产比例}}$
SGI	营业收入指数	$\dfrac{\text{当期营业收入}}{\text{上期营业收入}}$
DEPI	折旧率指数	$\dfrac{\text{上期折旧率}}{\text{当期折旧率}}$
SGAI	销售管理费指数	$\dfrac{\text{当期销售管理费用占营业收入比例}}{\text{上期销售管理费用占营业收入比例}}$
LVGI	财务杠杆指数	$\dfrac{\text{当期资产负债率}}{\text{上期资产负债率}}$
TATA	应计系数	$\dfrac{\text{应计项目}}{\text{总资产}}$

📖 2.4.3 财务困境的度量

当企业所拥有的资源不足以履行它的义务时，我们就说它陷入了财务困境。具体地，Levine 等（2000）将其定义为以下四个方面：第一，企业失败，即企业清算后仍然不能完全偿还债务；第二，法定破产，即企业或债权人向法院申请破产；第三，技术破产，即企业无法按期履行债务合约、支付利息或偿还本金；第四，会计破产，即企业的账面净值为负，出现资不抵债的情况。

针对公司财务困境的预测，已经产生了一系列的模型，比如 Altman（1968）的 Z-score 模型、Altman 等（1977）的 ZETA 模型以及 Ohlson（1980）的 O-score 模型。这些模型使用常规的财务指标，比如负债比率、流动比率、净资产收益率以及资产周转速度等，作为解释变量来预测公司陷入财务困境的可能性。吴世农和卢贤义（2001）基于中国 1998~2000 年出现被进行特别处理的股票的上市公司，采用多种回归方法，对 21 项财务指标进行了谨慎考察和筛选，构建了适合中国市场的财务困境模型。他们最终确定，用 6 个重要的财务指标和 Logistic 模型回归能够得到最好的结果。这六个指标分别为盈利增长指数、资产报酬率、流动比率、长期负债股东权益比率、营运资本与总资产比率以及资产周转率。

以上一系列模型在实务界的运用已经很广泛，这种静态的预测在确定企业是否破产时具有较强的效力。但不可否认的是它们存在一定的局限性，即它们主要采用上一期的财务指标预测企业当期陷入财务困境的概率。Campbell 等（2008）提出了一个动态的财务预警模型，试图提前发现企业陷入财务困境的特征，给出动态的预警。他们在公司破产的基础上加入退市和受到 D 级评级两项作为预测的目标。他们考虑的预测变量罗列在表 2-6 中。

表 2-6　Campbell 模型预测变量

指标	名称	计算公式
NIMTA	盈余资产市价比	$\dfrac{\text{净利润}}{\text{权益市值+总负债}}$
TLMTA	总负债资产市价比	$\dfrac{\text{总负债}}{\text{权益市值+总负债}}$
CASHMTA	现金资产市价比	$\dfrac{\text{现金与短期投资}}{\text{权益市值+总负债}}$
EXERT	月度超额收益	$\log(1+\text{个股收益率})-\log(1+\text{标普 500 指数收益率})$
RSIZE	相对规模	$\log(\text{个股市值})-\log(\text{标普 500 市值})$
MB	市值账面价值比	权益市值/权益账面净值
PRICE	股票价格	股票价格的对数
SIGMA	过去 3 个月股票滚动收益率的波动率	$\left(\dfrac{252}{n-1}\sum_{k=t-3}^{k=t-1}\text{个股收益率}_k^2\right)^{1/2}$

注：以上所有指标除特别说明外，都是当期值；第 9 行第 3 列中的 n 表示一年中股票实际交易天数。

2.5　价值创造的度量

前面已经说到，会计利用每股收益和投资资本报酬率等指标度量一个公司的表现。但是这种做法往往争议很大，因为不仅没有考虑资本成本，而且容易受到外部报告规则影响。折现现金流（Discounted Cash Flow，DCF）模型提供了一个完整的度量企业创造价值的方式，但该模型输入变量过多，显得异常复杂，而且很多指标需要度量，这些指标容易遭到操纵。本节主要介绍几个与 DCF 模型具有内在一致性的价值创造度量指标。

2.5.1　经济增加值

经济增加值（Economic Value Added，EVA）是企业营业利润在扣除税收以及资本成本之后的剩余收益，是一个超额收益的概念。计算 EVA 需要三个投入变量：投资资本回报率、资本成本以及投资资本。其基本计算公式为：

EVA=税后净营业利润−资本成本×投资资本=（ROIC−资本成本）×投资资本

其中，税后净营业利润（NOPAT）有两种计算方式：第一种，直接采用税后的 EBIT；第二种，从净利润出发，加上税后利息费用，再减去税后的营业外收入。由于前一种方法排除了不计息的长期义务，当公司具有不计息的长期义务时，这两种方法得出的结果可能不一致。由于现金和现金等价物产生的利息不计入营业收入，所以两种方法都扣除了现金。但这对于拥有大量现金余额的公司而言，从投资资本中扣除现金以及从税后净营业利润中扣除利息收入，可能导致管理人员不能有效使用现金余额。

投资资本等于固定资产净值加上非现金运营资本。由于投资资本采用账面价值，所以它的估计受到很多会计决策的影响，比如资产折旧方式、存货评估方法以及费用的会计分类等。在计算税后净营业利润时，也具有类似问题。要估算的营业收入是基于现有投资资产产生的营业收入，我们通常用息税前利润来衡量，但这与调整投资资本的账面价值具有相似的原因，该数字可能并不是一个很好的选择。

要准确计算经济增加值，并使其在大量公司间具有可比性，需要对营业收入和投资资本做出很多调整（Stewart，1991；Damodaran，1999）。这些调整主要包括：第一，将在未来产生收入的营业费用资本化，如研究费用、培训和开发费用、品牌营销费用、广告费用等。第二，将掩盖融资费用的营业费用资本化。比如在租赁的处理上，将承诺在未来支付的租金视为债务，增加投资资本；营业收入按租赁资产的折旧费用调减，而不是按整个租赁付款额逐年减少；租赁付款的利息部分作为利息支出。对其他递延补偿性义务也进行类似的调整，将其视为债务计入投资资本，并且将其隐含的财务成本加回 NOPAT。第三，在不影响投资本金和经济收益的前提下，删除任何会改变资本账面价值和会计收益的项目。例如，增加商誉的摊销，该摊销会减少资本的账面价值，但不会减少投资的资本。第四，调整任何因会计处理而隐藏的资本账面价值的变化。例如，进行合并会计处理时，账面价值保留在资产负债表中而商誉则被忽略，因此，应该调增资本的账面价值以反映所支付的收购价和账面价值的溢价。要精确计算经济增加值，除了这些主要调整外，可能还有许多调整。Stewart（1991）总结了 164 项调整。但在实践中，由于管理者本身可能不愿偏离会计准则，并且大多数调整对利润和资本影响不大，因此，一般不用超过 5 项调整就能获得接近于真实值的经济增加值。

估计经济增加值所需的最后一个要素是资本成本，这可以通过加权平均资本成本来衡量。我们一般建议使用资本资产定价模型（CAPM）来估计资本成本。虽然一些分析师认为，在估算加权平均资本成本时应使用债务和股权的账面价值权重，因为资本回报率和投资资本均以账面价值计量。但是出于以下原因，我们不建议这么做：第一，使用账面价值的资本成本相当于假设所有债务均应归因于现有资产，所有未来增长均来自权益。这意味着我们以资本的账面成本折现来自于现有资产的现金流量，而对预期未来增长的现金流量以权益成本进行折现。第二，使用账面价值的资本成本估计所有经济增加值（包括来自未来增长的部分），将破坏该方法的理论基础，即最大化随时间推移的经济增加值的现值等于最大化公司的价值。第三，在实践中，使用账面价值的资本成本往往会低估大多数公司的资本成本，尤其是对于低杠杆率的公司，资本成本的低估程度要严重得多。资本成本的低估将导致 EVA 的高估。

📖 2.5.2　投资现金流回报率

投资现金流回报率（Cash Flow Return on Investment，CFROI）由 HOLT 估值协会和波士顿咨询集团提出。CFROI 被定义为公司所有投资项目的经济回报率，其本质上是公司投资资本的内部报酬率。用它与公司资本成本比较，可以确认公司的经营活动是在进行价值创造、价值中性还是价值损害。

CFROI 的计算需要总投资、来自于投资资产的现金流、投资资产的预期寿命以及其残值四个投入变量（Damodaran，2000）。其基本计算公式为：

$$总投资 = \sum_{t=0}^{n} \frac{总的现金流_t}{(1 + CFROI)^t} + \frac{残值}{CFROI^n}$$

其中，总投资等于资产账面净值加上累计折旧，以反映资产的原始价值，再扣除非债务的义务（如准备金）和无形资产（如商誉等），最后进行通货膨胀调整，将总投资转换为当前的货币价值；总的现金流是基于投资资本产生的现金流，一般定义为税后营业利润加上非现金费用（与营业收入对应的），比如折旧与摊销，营业利润需要调整租赁费用，这与 EVA 的调整相同；n 表示从资本安装完成开始的投资资产的预期寿命；残值是资产达到预期寿命年限后的净残值，一般假定为初始投资中不被折旧的部分，比如土地和建筑等，同样需要调整为当前的货币价值以考虑通货膨胀。

CFROI 是使现金流量总额和残值的净现值等于总投资的折现率，因此，可以看作是内部综合收益率。将其与公司的实际资本成本进行比较，可评估现有资产是创造价值还是破坏价值。原则上，公司的实际资本成本可以是利用市场价值作为权重加权计算的债务和权益实际成本，这可以采用传统的 CAPM 模型来估算。但是 HOLT 估值协会推荐采用具有前瞻性的市场隐含的资本成本。就国际公司而言，与道衡（Duff and Phelps）公司每年发布国际估值手册所采用的计算方法相似，需要考虑特定国家的国别风险。关于资本成本的计算，本书第5 章有详细的介绍。

2.5.3 经济利润率

应用财务集团（Applied Finance Group，AFG）开发了一个经济利润率（Economic Margin，EM）框架，从经济现金流的角度来衡量一个公司的表现。其基本计算公式为：

$$经济利润率 = \frac{经营现金流 - 资本费用}{通货膨胀调整的投资资本}$$

其中，经营现金流等于净利润加上折旧与摊销、税后利息费用、租赁费用、研发支出，再加上（或者减去）非常规事项的调整；资本费用包含两个部分，即初始投资的资本成本和每年偿还的投资资本部分；通货膨胀调整的投资资本等于总资产加上累计折旧、通货膨胀调整、资本化的经营租赁费用以及资本化的研发费用等，再扣除非债务的流动义务。

EM 是 EVA 和 CFROI 的结合体，并且同时具备两者的优点（Obrycki 和 Resendes，2000）。与 EVA 相似，经济利润率计算公式的分子聚焦于价值创造，而且与 EVA 具有类似的会计调整。与 EVA 不同的是，经济利润率在现金流中增加了折旧与摊销，将资本成本放入资本费用中。与 CFROI 相似，经济利润率基于通货膨胀调整后的总资产所得，资本费用包含初始投资的资本成本及每年的回报。

本章小结

本章从价值评估的角度，介绍了财务报表的基本构成及三大报表之间的关系，并分别考察了企业资产和义务、盈利能力、风险以及价值创造的度量。

对于价值评估来说，资产负债表、利润表和现金流量表这三张财务报表具有非常重要的作用。资产负债表主要呈现企业在某一时点的财务状况，利润表是企业在一段时间内经营成果的描述，而现金流量表则体现了一段时期内企业对现金的使用情况。企业编制和披露财务报表都要遵循相关的规则，国际企业主要遵循的会计准则为国际会计准则和美国公认的会计准则，国内企业需要遵循国内指定的相关准则。三大报表之间的关系主要体现在，资产负债表上各类项目期末数与期初数之间的差额等于现金流量表相应项目的现金流量，以及利润表的权责发生制与现金流量表的收付实现制之间的转换关系。

会计对企业资产、负债和所有者权益的度量主要基于三个原则：第一，通常基于历史成本和账面价值进行计量，而不是市场价值和未来的预期现金流。第二，进行分类计量，资产和负债通常按照流动性进行分类处理，权益分为普通股和优先股。第三，对资产的评估倾向于采用保守的策略，而对负债的估计可能会采取激进的策略。

在衡量企业的盈利能力方面，一般会将企业的收入来源划分为两类，即持续经营收入和非持续经营收入。在财务指标上，我们通常采用总资产回报率、投资资本回报率、经营资产回报率和股东权益回报率来衡量企业的盈利能力。

　　企业的风险衡量主要包含三类指标：第一类是最基本的财务比率，如流动比率、速动比率、必要融资周期、利息或固定费用覆盖比率以及资产债务比率等。第二类指标度量企业财务操纵的可能性，包含 Jones 模型和 M-score 模型。第三类指标主要度量企业陷入财务困境的风险，包含静态的 Z-score 模型、O-score 模型和动态的 Campbell 模型。

　　关于企业价值创造的度量，本章主要介绍了经济增加值、投资现金流回报率和经济利润率三个指标。这三个指标都与评估企业价值的折现现金流模型具有内在一致性，考虑了企业的资本成本，用这几个指标能够衡量企业经营活动为股东创造的价值。

3

基于内在价值的评估：折现现金流模型

折现现金流（Discounted Cash Flow，DCF）模型是公司金融的核心。在过去几十年中，折现现金流模型演变出多种形式，比如股利折现现金流模型、权益现金流模型和公司自由现金流模型等，这些模型已经成为不动产、证券和企业等价值评估的主流方法。虽然一些专业人士也采用相对价值评估或者根据期权评估的方式，但折现现金流模型构成了绝大多数估值模型的基础（Damodaran，2012）。深刻理解折现现金流模型背后的基本面特征，是准确运用其他估值方法的重要前提和良好开端。

我们非常强调折现现金流模型的重要性，因为它提供了连接企业财务各领域的纽带。在一个项目价值评估案例中，经理评估现金流，将其折现后减去成本，从而决定是否接受该项目。投资者在概念上，可以将任何一个公司视作一系列项目的结合，从而使短期有价证券的评估类似于一个项目的价值评估。类似地，企业所有者也可以采用这个方法评价经理人的表现，并决定其薪酬甚至取舍。

折现现金流模型旨在评估企业内在价值，它从基本面寻找企业增长和价值创造的源泉。通过模型分析，我们可以粗略地发现企业价值主要来源于三个方面：未来预期现金流、增长机会和风险。规范的相对价值评估方法也是基于这个基本的价值决定假定，如果两个公司在这些方面都相同，那么它们的价值也相似。

本章试图构建一个统一的框架，阐述经典折现现金流模型的基本原理，包含以下几个部分：3.1 简要介绍折现现金流模型的基本原理；3.2～3.4 剖析除折现率外的折现现金流模型的基本投入要素；3.5 介绍一些重要的折现现金流模型变体；3.6 进一步讨论正确使用折现现金流模型需要注意的一些重要问题；最后是本章小结。

3.1 模型的基本原理

人们常常购买资产，是因为预测这些资产在未来产生现金流。这意味着，资产的价值并非人们认为它值多少钱，而是取决于该资产未来能够产生的预期现金流。如果信息完全，人们能够准确地知道未来的现金流和折现率，那么估计得到的资产价值就是其真实价值，也被称为其内在价值。但现实中没有任何人确切地知道这些信息，因而这种内在价值评估方法也是一种基于信仰的行为。这就是折现现金流模型的哲学思想。

折现现金流模型的基本原理为，将资产在未来产生的不确定性现金流按照适当的贴现率折现，并将其加总得到风险调整的内在价值。从理论上来讲，可以有两种风险调整方式：第一种是将不确定性纳入折现率，采用风险调整的折现率来折现不确定的现金流量；第二种是直接将不确定的预期现金流量调整为有保证的现金流量。多数模型采用第一种方式，如果未来现金流的风险较高，就采用较高的折现率；反之，则采用较低的折现率。本章也以这种方式为基准，而第二种方式将在 3.5.1 中进行简要介绍。

折现现金流模型的基本公式为：

$$V_0 = \sum_{t=0}^{n} \frac{CF_t}{\prod_{i=0}^{t}(1+r_i)} + \frac{TV_n}{\prod_{i=0}^{n}(1+r_i)} \tag{3-1}$$

其中，V_0 表示在第 0 时期估计的内在价值；CF_t 为预测期内第 t 时期的现金流；TV_n 为预测期结束时的终值；n 为预测期；r 为贴现率。

对于一个企业来说，有两类索取权，即负债和所有者权益。与之相对应，价值评估也分为对整个企业的价值和仅对权益的价值进行评估。前者的结果为企业价值，包含债务的价值；而后者的结果为权益价值。评估企业价值时，现金流采用满足再投资需求但尚未偿付债务的公司自由现金流，折现率则采用反映资金来源综合成本的折现率。评估权益价值时，采用满足再投资需求和偿付债务之后的股权自由现金流，以及反映股权融资成本的折现率。

采用折现现金流模型进行价值评估需要遵循以下基本原则：第一，一致性，模型中的各个元素，比如现金流、风险、增长率，对应的索取权属性要保持一致。如果估计公司价值，采用的现金流应当是公司（包含债权人和股东）的现金流，风险应当反映整个公司的风险，增长率也应当是公司现金流的增长率。如果估计股东权益价值，采用的现金流、风险和增长率都应当与股东权益相对应。第二，符合财务经济学或者价值评估的逻辑。我们不能直接利用会计信息，而是要先将会计信息转化成估值信息。第三，平滑性，即尽可能地消除非常规事项，使变量更加平滑。由于折现现金流模型的估值结果特别依赖于对未来预测，对变量进行平滑处理有助于预测的准确性。

运用折现现金流模型进行价值评估的基本步骤如下：第一，估计折现率。评估企业价值需要估计公司综合资本成本作为折现率，而评估股东权益的价值需要估计权益资本成本作为折现率。第二，估计当前的收益和现金流。基于企业的会计信息，从估值的角度计算企业的利润和相关的现金流量。第三，估计未来的收益和现金流。这是正确进行价值评估的关键环节，需要综合所有可得的信息预测企业的增长率和增长模式。第四，估计企业达到稳定增长之后的收益与现金流特征。分析师的预测期通常不能涵盖企业的整个生命周期。大多数企业在经历不稳定的增长阶段之后会进入相对稳定的成熟期，企业在成熟期的增长方式和速度都趋于收敛，因此，可以根据这些稳定的增长模式估计预测期结束之后企业增加的价值。第五，选择合适的模型来评估目标企业。通过前面几个步骤，基本可以清晰地获得价值评估所需要的基本元素，根据这些元素的特征和估值目的，就可以选择恰当的模型进行价值评估了。

无论是评估权益价值，还是整个公司的价值，折现现金流模型都涉及四个投入基本要素：第一，来自现有资产的现金流，其定义为偿还债务之前（公司现金流）或者偿还债务之后（权益现金流）的利润，减去驱动未来增长所需的投资支出。第二，增长。在评估股权价值时，权益收益（每股净利润）的增长是核心；在评估公司价值时，营业利润的增长是关键。第三，折现率。在评估公司价值时，它是公司所有资本的加权资本成本；在评估权益价值时，它采用权益成本。第四，终值，即预测期结束时权益或整个公司的评估价值。由于折现率的估计比较复杂，本书在第 5 章专门介绍，本章主要介绍现金流、增长和终值的估计。

3.2 现金流

📖 3.2.1 现金股利与可支付股利

严格地说，持有公司股票只能预期得到两类现金流——持有期的股利和持有期结束时的期望价格。由于持有期结束时的期望价格本身也取决于未来股利，因而股票的价值就是未来无限期预期股利的现值。如果我们接受这个假定，那么估值应该考虑的股权现金流就是实际支付的股利。

仅着眼于实际支付的现金股利具有很大的局限性，许多公司通过多种形式的附加权益（如股票回购、定向可转债等）向股东返还利益。2007 年美国公司以股票回购方式返回现金的数额是以股利形式返还现金数额的两倍。2020 年 7 月中国深圳证券交易所上市公司正邦科技（002157）发行股东优先认购可转债，当月收益率就超过 30%。这意味着，仅考虑股利会导致权益价值低估。我们可以定义一个综合股利的概念，来调整该问题，计算公式为：

$$综合股利 = 现金股利 + 股东附加权益 \tag{3-2}$$

综合股利的一个重要问题是，股东附加权益极不稳定，随着时间的推移波动性很大，因此，必须采用一个较长时期（如 5 年）内的平均值对综合股利进行调整，得到一个比较合理的年化数额。

实际股利的精确性高度依赖于股利支付比率，该比率受公司的股利支付能力和管理者决策的影响。然而在现实中，管理者在决定支付多少股利时的随意性往往很大。直接计算股利面临的另一个问题是，当公司增长阶段发生改变时股利发放会有突然的跳跃。Alfred（1986）定义了一个可支付股利的概念，即在公司计划销售额增长、销售利润率和在目标资产结构不变的投资需求的条件下，公司所能分配的最大额度。

📖 3.2.2　权益自由现金流与公司自由现金流

与可支付股利非常接近的概念是权益自由现金流（Free Cash Flows to Equity，FCFE）。在直觉上，它衡量的是净利润满足权益再投资需求后，企业所剩下的可以支付给股东的现金。从净利润出发，权益自由现金流的基本计算公式为：

$$权益自由现金流＝净利润－（资本支出－折旧与摊销）－非付现运营资本$$
$$变动额－（债务本金偿还额－新债发行额） \qquad (3-3)$$

如果企业保持资本结构不变，式（3-3）可以调整为：

$$权益自由现金流＝净利润－（1－债务资本比率）×（资本支出－折旧与摊销）$$
$$－（1－债务资本比率）×非付现运营资本变动额 \qquad (3-4)$$

其中，债务资本比率通常需要按照市值计算，如果债务的市场价值不可得，可以将其替换为债务的账面价值。式（3-3）和式（3-4）没有考虑优先股股利，如果公司发行了优先股，还需要扣除新发优先股和优先股股利的数额。

公司自由现金流的计算与权益自由现金流的计算相似，只是不必考虑债务现金流的影响，其基本公式为：

$$公司自由现金流＝净利润－（资本支出－折旧与摊销）$$
$$－非付现运营资本变动额 \qquad (3-5)$$

根据以上几个计算现金流的公式，可以确定计算权益自由现金流的基本步骤：第一，估计利润；第二，估计应当支付的税收；第三，估计企业为实现未来增长需要进行的再投资金额；第四，估计负债的净现金流。对于公司自由现金流，则可以忽略第四个步骤。

3.2.2.1 估计营业利润

尽管在很多国家，年度报告相对于季度报告通常包含了更多的信息，但还是建议尽量采用最新的财务数据。尤其是成长型公司的经营状况随时间推移变化较大，短期也可能发生很大的改变，因此，即便可能需要额外估计一些数据，也应尽量采用最新的财务信息。对于季度或半年度报告中没有而在年度报告中披露的信息（如管理层持有的期权），可以采用上一年度报告的数据，或者依据其与一些报告中都有的变量（如营业收入、营业成本等）之间的关系进行估计。为了计算净利润，我们需要将企业的会计信息转化成估值信息。通常需要做出以下几个方面的调整：资本化研发费用、正规化非经常事项、调整并购与剥离、调整投资和交叉控股以及调整经营租赁费用。

第一，资本化研发费用。基于谨慎原则，多数国家的会计惯例都要求将研究支出和部分开发支出费用资本化。但这不符合价值评估的思维，因为研发支出将引起未来时期收入的增加。将研发费用资本化会导致当期利润、资本和权益账面价值都增加，以后一段时期内的折旧与摊销也随之增加。如果公司采用直线法折旧，设定使用年限为 n，不考虑残值，那么当期研发费用的价值为：

$$V_t^{R\&D} = \sum_{i=t-(n-1)}^{t} R\&D_i \frac{n+i}{n} \tag{3-6}$$

其中，$V_t^{R\&D}$ 表示在 t 期研发费用资本化后的账面价值，$R\&D_i$ 表示研发费用。调整后的权益账面价值为调整前的权益账面价值加上估计的资本化研发费用价值。如果考虑折旧、摊销和税收的影响，那么它们对营业利润和净利润的影响可以表示为：

$$\Delta_t = \left(R\&D_t - \sum_{i=t-(n-1)}^{t} \frac{R\&D_i}{n}\right)(1 - \tau_t) \tag{3-7}$$

其中，等式右侧括号里第一项和第二项分别为 t 时期资本化的研发费用以及资本化研发费用引起的折旧与摊销的增加额，τ_t 表示有效税率。从财务经济学的角度看，除了研发费用，其他一些将引起公司未来收入增加的费用也应该资本化，如消费品企业的广告费。因为它将建立起品牌效应，从而促进今后一段时间内营业收入的增加。这些费用的资本化方式与研发费用的资本化方式相似。

第二，正规化非经常事项。营业利润应当反映企业的持续经营成果，因而需要扣除一次性和非经常发生的事项。对于一次性发生的收入或费用，比如在过去 10 年间发生了一次重组费用支出，可以将其直接扣除。一些支出是每隔一段时间才发生一次，比如过去 8 年中，每隔 2 年就会发生的一次设备建设费用。对于这类支出，最好的做法是先将其平均化，然后每年扣除其平均值。可能有一些与主营业务无关的支出每年都会发生，但其额度和波动性都较大，也可以对其取平均值，然后每年将其扣除。对于某些额度不大、与主营业务无关、符号可能为正也可能为负，但每年都可能发生的支出，如由汇率变动产生的影响，最好的做法是不在现金流中考虑它们，而是调整所采用的折现率。这些项目的区分并不困难，但比较烦琐，在审慎考察公司的财务历史之后，才能确定合理的处理方法。

第三，调整并购与剥离。公司并购的一个后果是商誉需要在并购后很多年进行摊销。建议不要将其费用化，因为它既不是现金，也不能抵税，最好的做法是考虑商誉摊销之前的收入或利润。当公司剥离资产时，可能会以资本收益的形式产生收入。如果资产剥离不频繁，可以将其视为一次性项目直接扣除。但一些公司可能会定期剥离资产，此时比较好的做法是忽略与资产剥离相关的收入，但考虑与资产剥离相关的现金流（如扣除资本利得税）。

第四，调整投资和交叉控股。如果公司持有短期有价证券，可以直接将其扣除。如果公司是少数被动地持有其他公司的证券（只有股利记录在收入），或者多数主动地持有其他公司的证券（从子公司获得部分利润，在营业利润后计入净利润的），由于持有是长期的但产生利润的能力是相对独立的，所以在估值的时候需要分别估计企业自己的主营业务利润和被持有证券企业的营业利润，然后将两者加总。对于控股持有其他公司的证券并且进行报表合并的，可以基于合并后的报表估计利润，然后减去少数股东权益。

第五，调整经营租赁费用。会计将经营租赁的租金支出归类为经营费用。从价值评估的视角看，财务费用包含无论经营业绩如何都必须履行的且可抵税的承诺，因此，经营租赁费用应当归为财务费用。尽管重新归类并不影响权益利润，但是会增加营业利润。经营租赁调整后的营业利润等于营业利润加上经营租赁费用然后减去租赁资产的折旧。

3.2.2.2 评估应付税额

评估企业应当支付的税收时，通常面临三个方面的问题：第一，如何选择税率；第二，如何处理净经营亏损；第三，如何处理资本化的费用。

第一，税率选择。就多数公司来说，尽管边际税率都比较接近，但是有效税率的差异可能很大。有效税率差异较大的一个原因可能是，公司在税收和报告时采用的会计准则不一样。比如很多公司采用直线法折旧用于报告目的，而采用加速折旧法用于税收目的。此外，税收抵免、递延税收和跨国经营也可能导致不同的实际税率。在进行价值评估时，如果上述四种情况不重要，而且必须采用不变的税率（比如估计终值）时，最好采用边际税率，但是如果这四种情况影响较大，则建议采用有效税率。

第二，对净经营亏损的处理。如果公司出现巨额净经营亏损或者长期亏损，接下来几年将会节省很多税收。可以先忽略净运营亏损产生的税收节省，当利润转为正数时，再将净运营亏损的预期税收节省平均分摊到这几年里计入营业利润金额中。通常，预期的税收节省是通过将税率乘以净经营亏损来估计的。但这样做的局限性是，它假设税收节省是有保证的和即时的。如果公司在后续一段时间内都难以产生正的收益来创造这些税收节省，并且收益存在不确定性，那么它将高估税收节省的价值。

第三，对资本化费用的处理。如果将费用（如研发费用和广告费用）资本化，那么其作为费用支出的抵税效应也应当随之消失。

3.2.2.3 评估再投资需求

再投资需求包含两个部分，净资本支出和非现金运营资金净额变动。前者衡量的是长期资产的再投资需求，而后者衡量的是短期资产的再投资需求。

第一，对净资本支出的处理。净资本支出等于资本支出减去折旧。关于资本支出有三方面的问题需要注意：其一，资本支出通常不稳定，在一些时期金额可能很大，而在另一些时期金额可能又非常小，因此，需要对其进行平滑处理。对于历史比较长且业务变动不大的企业，可以选择上一个营业周期的平均值，而对于历史较短或者业务变动较大的企业，可以参照行业企业资本支出占收入或者总资产的比例的均值进行估计。其二，要调整资本化的费用。调整后的净资本支出等于净资本支出加上当期资本化的费用再减去当期相应的摊销。其三，由于并购在会计中没有归类为资本支出，所以那些主要依靠并购实现增长的公司，会低估资本支出。如果收购不经常发生，那么在处理时应当将其正规化。在计算资本支出时，原则上可以不区分现金收购和发行股票收购。

第二，对营运资金的处理。运营资金在会计上的计算方法是，流动资产减去流动负债。但是出于估值目的，需要做出如下调整：其一，从流动资产中剔除现金和短期有价证券。它们通常可以获得无风险的报酬。但是当企业所处市场的银行系统不完善，而企业为了维持正常的运营又不得不持有大量现金时，这些现金就不能得到一个公允的回报率。其二，从流动负债中扣除所有计息债务。因为在计算资本成本时，已经考虑了这些债务的利息，如果不剔除，就将被重复计算。

由于营运资金随着年份变动比较大，可以将其与销货成本或者销售收入绑定，用其占预计销售收入或者销货成本的百分比进行平滑处理。对于存货、应收账款和应付账款，如果这些项目随着收入增加变动的方式不一样，而且预测时间比较长的话，那么可以单独进行估计和预测，否则，同样将其与销货成本或者销售收入绑定进行处理。如果一个企业的赊销或者存货比重较大，可能会在短期中提升效率，使它们的变动为负。但这种效率的改善通常不太可能持久，因此，最好的做法也是按照销售收入的一定比率对其进行估计和预测。

3.2.2.4 评估负债现金流

负债现金流的评估相对简单，涉及与旧债偿还相关的负现金流和与新债发行相关的正现金流。如果新债以完全相同的规模替代旧债，那么这一项就是零，但当新债发行额超过（少于）债务偿还额时，就会产生正（负）现金流。在计算权益现金流时，需要加上净负债现金流量。但是在计算公司自由现金流时，由于已经包含了债权人的索取权，所以不用考虑债务现金流。如果在调整营业利润时，将经营租赁重新归类为债务，那么当公司改变经营租赁资产时，也应当做相应调整。

③.3 增长率

在折现现金流模型中，最具艺术性的元素是对股利、未来利润或收入增长的预测。这里主要从财务角度介绍三种估计增长率的方式，即历史数据建模、分析师一致性预测和企业基本面分析，以及在折现现金流模型中常用的增长模式。

📖 3.3.1 历史数据建模

依据历史数据估计增长率一般适合于历时较长、数据充裕，外部环境和自身参数都比较稳定的企业。采用历史平均值是最简单的估计增长率的方式。相对于算术平均值，我们一般倾向于采用几何平均值，一方面，几何平均值与复合增长率相对应，在直觉上更易于理解企业的增长；另一方面，在实际操作中，尤其是估计快速增长的企业的增长率时，几何平均值更加稳定，具有更好的表现。处理一些周期性或成长性企业时，我们可能会发现企业在某些年份是负增长。对于周期性企业，可以估计企业最近一个完整周期增长率的几何平均值。对于其他企业，可以适当扩展年限，计算更多年份的增长率几何平均值。

除了简单的平均值外，还可以采用一些高级的时间序列模型来估计增长率。Bathke 和 Lorek（1984）发现有三个季节性自回归移动平均时间序列模型能够较好地预测季度每股收益，具体如下：

（1）模型 1（Foster，1977）。

$$\text{EPS}_t = \phi_1 \text{EPS}_{t-1} + \text{EPS}_{t-4} - \phi_1 \text{EPS}_{t-5} + \delta \qquad (3-8)$$

（2）模型2（Griffin，1977；Watts，1975）。

$$EPS_t = EPS_{t-1} + EPS_{t-4} - EPS_{t-5} - \theta_1\varepsilon_{t-1} - \vartheta\varepsilon_{t-4} - \vartheta\theta_1\varepsilon_{t-5} + \varepsilon_t \quad (3-9)$$

（3）模型3（Brown和Rozeff，1979）。

$$EPS_t = \phi_1 EPS_{t-1} + EPS_{t-4} - \phi_1 EPS_{t-5} + \vartheta\varepsilon_{t-4} \quad (3-10)$$

上述三式中，EPS表示每股收益；角标中的t表示时间，即第t期；ϕ_1表示自回归参数；δ表示确定性趋势项；ϑ表示季节性移动平均参数；ε表示随机干扰项。一般地，时间序列模型的预测结果优于简单平均值，但其优势会随着预测期限的变长而逐渐降低。时间序列模型的局限性主要在于两个方面：第一，为了满足模型数据量的要求，常常采用季度数据，这意味着需要将模型结果转换成估值所需的年度数据；第二，尽管短期预测能力较好，但长期预测能力较差。

要更好地预测增长率，除了选择合理的模型外，稳定的变量也很重要。一些经验研究表明，相对于每股收益而言，大多数企业营业收入增长率的波动性要低得多。考虑到会计政策干扰的递增性，一般按照营业收入—税息折旧及摊销前利润—净利润这个顺序，越往后的时间序列越不稳定。因此，最好的变量选择是直接估计营业收入的增长率。

3.3.2　分析师一致性预测

相对于普通投资者，证券分析师在信息获取和专业素质上具有优势。他们高度关注公司，与管理层沟通密切，能够获得时间更新、质量更高的公司经营信息。专业素养和从业经验也能提高他们的预测能力。

一些研究发现，在美国、日本、英国以及韩国等地区，在短期盈利预测上，分析师一致性预测要优于简单历史时间序列预测（Brown and Rozeff，1979；Bhaskar and Morris，1984；Newbold et al.，1987；Yoon and Huih，1991）。但在长期盈利预测上，分析师一致性预测似乎没有显著的优势（Patz，1989；Capstaff et al.，1998；黄静、董秀良，2005）。

是选择相信分析师一致性预期，还是历史数据建模，对于个人投资者而言，我的建议是因人而异。如果是专业人员，能够获取到足够的数据，那么可以用历史数据建立时间序列模型，然后分别比较模型结果和分析师一致性预测相对于真实数据的偏差。如果前者更优，就选择时间序列模型，否则应该相信分析师一致性预测。或者如 Cheng（2003）将两者相结合，可能得到更好的方法。

如果采用分析师一致性预测，可能需要关注以下几个方面：第一，不同公司受到分析师关注的程度不同。一般地，市值越大、机构持有占比越大的公司更容易吸引分析师。第二，在最近一次财报公布后，是否存在影响企业经营的重大事项，比如医疗行业的集体采购、美国对中国科技企业的限售政策以及局部地区反垄断诉讼等。第三，关注公司的分析师数量与质量。给定公司市值和机构持有占比，关注公司的分析师数量越多可能意味着新的信息越多，这时我们应当赋予分析师一致性预测更大的权重。好的分析师不仅预测更加准确，甚至可能影响股价（Stickel，1992；李丽青，2012）。在中国，衡量分析师质量可参考《新财富》杂志评价，获得"最佳分析师"提名越多的分析师的质量可能越高。第四，分析师观点的分歧程度。如果关注一家企业的分析师的观点分歧程度突然上升，这可能意味着该股票的风险上升。

📖 3.3.3 基本面分析

不论是历史数据建模，还是分析师一致性预测，得到的增长率都与企业的经营细节相剥离，难以解释企业如何创造和维持增长。为了揭示企业增长的基本面动因，这里从财务角度分别对净利润和营业收入进行分解。

我们先分解净利润增长率。记 t 时期的净利润为 NI_t，那么，净利润增长率 $g_{NI,t}$ 可以定义为：

$$g_{NI,t} = (NI_t - NI_{t-1})/NI_t \tag{3-11}$$

用 BVE_{t-1} 表示 t-1 时期的权益账面价值，用 ROE_t 表示 t 时期的权益报酬率，则 t 时期的净利润可以表示为：

$$NI_t = BVE_{t-1} \times ROE_t \tag{3-12}$$

定义当期权益再投资额等于当期资本支出减去折旧再加上运营资本变动再

减去净债务变动额：

$$ER_t = CE_t - D\&A_t + \Delta WC_t - ND_t \qquad (3\text{-}13)$$

其中，ER_t 表示权益再投资额，CE_t 表示资本支出，$D\&A_t$ 表示折旧与摊销，ΔWC_t 表示运营资本变化额，ND_t 表示净债务变动额。当期的权益账面价值等于上一期的权益账面价值加上当期的权益再投资额。定义权益再投资比率为当期的权益再投资额与当期净利润的比值。用 ERR_t 表示权益再投资比率，可以得到净利润增长率与权益报酬率和权益再投资比率的关系为：

$$g_{NI,\ t} = \left(\frac{1}{ROE_{t-1}} + ERR_{t-1} \right) \times ROE_t - 1 \qquad (3\text{-}14)$$

如果保持 ROE 恒定不变，对于任意的 t 满足 $ROE_{t-1} = ROE_t = ROE$，那么

$$g_{NI,\ t} = ERR_{t-1} \times ROE \qquad (3\text{-}15)$$

这意味着，净利润增长率取决于权益再投资比率和权益报酬率。那么，又是什么决定权益报酬率呢？我们进一步分解权益报酬率并整理可以得到：

$$ROE_t = ROIC_t + \frac{D_t}{E_t}(ROIC_t - Int_t(1 - \tau_t)) \qquad (3\text{-}16)$$

其中，$ROIC_t = EBIT_t(1 - \tau_t)/(BVD_t + BVE_t - Cash_t)$ 表示投入资本报酬率，BVD_t 表示负债的账面价值，BVE_t 表示权益的账面价值，$Cash_t$ 表示现金；$D_t/E_t = BVD_t/BVE_t$ 表示公司的资本结构；τ_t 表示税率；Int_t 表示公司负债的利息率。将上式代入净利润增长率的式子，得到：

$$g_{NI,\ t} = ERR_{t-1} \times \left[ROIC_t + \frac{D_t}{E_t}(ROIC_t - Int_t(1 - \tau_t)) \right] \qquad (3\text{-}17)$$

因此，净利润的增长率由权益再投资比率、投入资本报酬率、资本结构、负债利息率和税率决定。

然后，分解营业利润增长率。与净利润增长相似，在各期资本报酬率保持一致的假定下，息税前利润的增长率可以分解为：

$$g_{EBIT,\ t} = \left(\frac{1}{ROIC_{t-1}} + FRR_t \right) \times ROIC_t - 1 \qquad (3\text{-}18)$$

其中，$g_{EBIT,\ t}$ 表示息税前利润增长率，FRR_t 为公司再投资回报率，$ROIC_t$ 为资本回报率。它们的表达式如下：

$$FRR_t = \frac{CE_t - Dep_t + \Delta NWC_t}{EBIT(1 - \tau_t)}$$

$$ROIC_t = \frac{EBIT(1 - \tau_t)}{BVE_t + BVD_t - Cash_t - MS_t}$$

其中，CE_t 表示资本支出，Dep_t 表示折旧，ΔNWC_t 表示非付现的运营资本变动额，MS_t 表示短期有价证券。因此，息税前营业利润可以分解为投资资本回报率和公司再投资回报率。而投资资本回报率又由权益账面价值、债务账面价值、现金和短期有价证券、税率等决定；再投资回报比率受到资本支出、折旧、净营运资金变化额等因素的驱动。

通过这些分解，可以发现属于股东的净利润和属于整个企业的营业利润的基本面驱动因素。因此，我们可以构建统计模型来预测净利润和营业利润的增长率。如果预测净利润，可以将权益再投资比率、投入资本报酬率、资本结构、负债利息率和税率作为解释变量；如果预测营业利润的增长率，可以将权益账面价值、债务账面价值、现金和短期有价证券、税率、资本支出、折旧、净营运资金变化额等基本面因素作为解释变量。

③.4 终值

我们不可能预测未来无限期的现金流，所以模型需要设置一个终值点，我们估计该时点之后的所有现金流价值之和——终值。终值常常占据待估价值的很大部分，有时甚至高达 3/4 或者更多。因此，估计的一个关键点是，在终值点年份公司的财务数据能代表一个稳定的财务绩效状态，而不是一个周期性高点或者低点。

有三类方法被广为接受用于评估企业的终值：永续增长法、退出乘数法和清偿价值法。根据目标企业特征和可获得数据，我们可以选择其一，或者多种方法并用以相互检验，来获得稳健的终值估计。

📖 3.4.1　永续增长法

如果我们假设，预测期结束后企业的现金流会以一个恒定不变的增长率无限期延续下去，那么可以通过永续增长法计算终值。在永续增长法下，终值计算公式为：

$$终值 = \frac{现金流_{n+1}}{折现率 - 永续增长率} \tag{3-19}$$

这里的现金流、折现率和增长率需要保持一致性。如果评估的是股权价值，那么分别采用权益现金流、股权成本和权益现金流的稳定增长率；如果评估的是公司价值，那么分别采用公司现金流、资本成本和公司现金流的稳定增长率。

永续增长模型是一个很有分量但又很容易被误用的模型，它有一些相当精巧又特别值得注意的地方。

第一，从高速增长到低速增长的转变。一旦确定公司最终会稳定增长，那么就需要选择公司转变到稳定增长的模式。权益或公司现金流主要有四种转变方式。①直接设定一个恒定的增长率，这就是 Gordon 模型。②GROW 模型，假定现金流高速增长的初始阶段，一个增长率下降的阶段和恒定增长阶段。假定增长率完全以直线的方式下降到最终的增长率。在第一种和第二种之间还可以划分为两阶段和三阶段增长模型。③ROPE 模型，假定权益现金流或者公司现金流的决定因子如 ROE、留存收益率等以 GROW 模型线性渐变的方式下降。在这个过程中，现金流下降的方式并不一定是线性的。

第二，稳定增长率的设置。在历史上从未发现任何一家公司能够永远以高出其所处经济体的增长率增长，所以恒定增长率一般不可能高于企业所在经济体的长期经济增长率。现实中，各个经济体的增长率差异巨大。比如近三十年一些新兴经济体的年平均经济增长率大于8%，而大部分发达经济体的年平均经济增长率稳定在3%左右。根据经济学界广泛认同的趋同理论，制度相似的国家经济增长率最终将趋于一致，因此，新兴经济体的永续增长率应适当调低。如果我们考虑的是实际增长率，那么还需要剔除通货膨胀的影响。另外，市场经济体制的国家的实际长期无风险利率向实际长期经济增长率靠拢，而长期名义无风险利率接近于名义的经济增长率。所以有关增长率的另一个常识性设定是，不能超过模型选择的无风险利率。

第三，稳定增长的基本面特征。随着企业从高增长时期过渡到稳定增长时期，我们需要赋予其成熟企业的特征。一般而言，企业达到成熟期所有财务比率保持不变。首先，在稳定增长时期，企业风险降低，这意味着我们应当把贝塔值调整到趋近为1。Damodaran（2012）建议成熟公司的贝塔值设置在0.8~1.2。其次，企业资本结构保持稳定，债务违约风险降低，资本成本保持稳定。稳定增长期的资本结构常常设定为企业的目标资本结构或者行业中乘数企业资本结构的平均值。最后，不再具有超额利润，资本报酬率等于资本成本，权益报酬率和再投资比率等财务比率保持稳定。

3.4.2 退出乘数法

退出乘数法（EMM）依据可比公司当前的交易乘数，计算企业最终年份的现金流乘数估值，也是该企业在预测期结束后现金流所产生的剩余价值。由于当前乘数可能受到行业或者经济周期的影响，因此，应当采用正常化的交易乘数和相应的现金流。如果采用了高峰或者低谷的乘数，抑或一个非正常化的现金流水平，就可能产生扭曲的结果。这对于周期性企业来说，尤为重要。由于退出乘数是最终价值，因而，也是折现现金流估值中总价值的一个关键性驱动因素，我们必须对此进行敏感性分析。

退出乘数法是通用的方法，但这个方法与折现现金流的基本思想存在内在冲突。折现现金流模型评估的是企业的内在价值，而退出乘数是利用相对估值方法得来。

3.4.3 清偿价值法

如果我们假定企业将在预测的末期停止经营，资产会在那个时候清场变现，那么我们可以评估企业资产的清算价值，以此作为估计的终值。这个资产清算价值可以通过将预期未来的可变现价值以及未来的现金流相结合来计算。

对于寿命有限，且资产易于变现的企业，如房地产企业，这是一种相当保守的终值评估方法。对于其他公司，可能会由于品牌价值等无形资产或者某些单项资产缺乏市场而变得困难。另外，也可以采用资产的评估面值作为起点，然后基于面值来评估其清算价值。

(3.5) 折现现金流模型的拓展

前面介绍了一个标准的折现现金流模型的框架，这个框架可以运用于多类内在价值评估模型，比如股利折现模型、可支付股利折现模型、权益自由现金流模型以及公司自由现金流模型。但这些模型并不能解决现实中的所有情况，接下来我们对这个框架进行拓展，介绍拓展的折现现金流模型。

📖 3.5.1　调整现值模型

在经典的折现现金流模型中，负债融资对风险的影响体现在折现率中。在调整现值模型中，我们试图把该影响分离出来，分别评估假定没有负债时公司的价值和负债对公司价值的综合影响。调整现值模型具有三个基本步骤：评估无杠杆公司的价值；估计负债带来的税盾收益的现值；评估借款金额对企业破产概率和预期破产成本的影响。

第一，假定公司没有债务，估计无杠杆公司的价值。基于合理的增长假设，使用无杠杆权益成本对预期的公司自由现金流进行折现，得到无杠杆公司价值为：

$$V_u = \sum_{t=1}^{n} \frac{FCFF_t}{(1+r_u)^t} + \frac{TV_n}{(1+r_u)^n} \qquad (3-20)$$

其中，V_u 表示无杠杆的公司价值，r_u 表示无杠杆的权益成本，n 表示预测期限，FCFF 表示公司自由现金流，TV 表示预测期结束时的终值。

第二，估计负债带来的预期税盾收益的现值。这种税收优惠是公司税率的函数，并通过折现反映该现金流的风险。这里必须慎重考虑三个问题：首先，用于计算税收优惠的税率，以及该税率是否会随时间而改变；其次，用于计算税收优惠的债务绝对额，以及这个数额是否会随时间而改变；最后，所采用的折现率。解决这三个问题后，税盾的价值可以表示为：

$$V_\tau = \sum_{t=1}^{\infty} \frac{D_t \times i_t \times \tau_t}{(1+i_t)^t} \tag{3-21}$$

其中，V_τ 表示预期税盾的现值，D_t 表示企业负债总额，i_t 表示负债利息率，τ_t 表示有效税率。这种方式计算的税盾价值比较保守，Fernandez（2004）提出了一种更加激进的计算方式。他认为，企业税收收益应该等于负债企业在享受税收优惠情况下的价值与同一公司在无杠杆情况下的价值之差。

第三，评估负债对公司违约风险和预期破产成本的影响。对破产概率的估计一般有两种方法：一种是估计企业的信用评级，然后依据评级来计算违约概率；另一种是依据公司的基本面特征，采用统计方法估计违约概率。破产成本包含破产的直接成本和间接成本。一些研究表明，间接成本占破产成本的绝大部分，可能是直接成本的 2~5 倍。预期破产成本的现值等于预期破产的概率乘以预期破产成本。

$$V_{bc} = -Prob_{bc} \times V_{loose} \tag{3-22}$$

其中，V_{bc} 表示预期破产成本现值，$Prob_{bc}$ 表示预期破产概率，V_{loose} 表示如果真的破产产生的损失。

公司的价值等于以上三项之和，即无杠杆公司价值加上税盾收益，再减去预期破产成本。采用调整现值模型的出发点是，认为评估债务的绝对值要比评估债务的相对值容易。经典折现现金流模型中，杠杆效应体现在资本成本当中。税盾收益被合并在债务的税后成本中，而破产成本同时体现在债务的杠杆贝塔和税前成本中。但调整现值模型的根本缺陷也恰好在于，债务绝对值中的间接破产成本的估算。到目前为止，还没有一个让多数人信服的估算破产成本的方式。

📖 3.5.2 经济增加值模型

经济增加值（Economic Value Added，EVA）模型与经典折现现金流模型的一个重要区别在于，它提供了对企业投入资本价值增加值的直接评价。这个评价是预期企业经济利润，或者经济增加值的现值。由于 EVA 对应的是企业价值，因此，折现率采用企业的资本成本。经济增加值模型公式可以写为：

$$V_0 = VC_{current} + \sum_{t=0}^{\infty} \frac{EVA_t}{(1+r_c)^t} \tag{3-23}$$

其中，$VC_{current}$ 表示投入资本价值，EVA_t 表示经济增加值，r_c 表示资本成本。在以后的每一时期企业的经济利润都来自于两个方面，即当前资本产生的经济利润和未来投资或者增长机会产生的经济利润。因此，经济增加值模型又可以进一步表示为：

$$V_0 = VC_{current} + \sum_{t=0}^{\infty} \frac{EVA_{current,\,t}}{(1+r_c)^t} + \sum_{t=0}^{\infty} \frac{EVA_{future,\,t}}{(1+r_c)^t}$$

$$= \frac{NOPAT_t}{r_c} + \sum_{t=0}^{\infty} \frac{EVA_{future,\,t}}{(1+r_c)^t} \tag{3-24}$$

其中 $EVA_{current,\,t}$ 表示当前已经投入的资本产生的经济利润；$EVA_{future,\,t}$ 表示未来新的投资机会产生的经济利润；$NOPAT_t$ 表示税后净营业利润。此时，企业价值由目前已投现有资产的资本、来自现有项目的现金流以及来自未来项目超额回报现金流的现值这三部分构成。

经济增加值模型从价值创造的角度看，为企业价值的来源提供了很好的理解。但是采用该模型比较麻烦的地方在于 EVA 本身的计算过程通常较为烦琐，不仅如 3.2 节计算现金流需要进行诸多调整，而且还必须合理估计资本成本。

📖 3.5.3 剩余收益模型

剩余收益模型与经济增加值模型相似，都强调价值的创造而不是价值的分配。剩余收益模型的基本逻辑也是利用现有价值加上未来价值的增加来评估资产的价值。但区别在于，经济增加值模型用当前投入资本价值来衡量资产的现有价值，而剩余收益模型通常用现有权益账面价值来衡量资产的现有价值。

$$V_0 = BVE_0 + \sum_{t=1}^{\infty} \frac{RI_t}{(1 + r_e)^t}$$

$$= BVE_0 + \sum_{t=1}^{\infty} \frac{NI_t - r_e \times BVE_{t-1}}{(1 + r_e)^t} \qquad (3-25)$$

其中，r_e 表示股东要求的回报率；$RI_t = NI_t - r_e \times BVE_{t-1}$ 是剩余收益，等于净利润减去权益资本成本。剩余收益模型的优势在于，它的计算始于会计数据，先确定期限内权益账面价值与其真实价值之间的关系。只要预期收益与企业的会计选择是一致的，那么账面价值和收益之间的关系将消除会计对企业价值保守或过激估计的影响。换句话说，就是剩余收益模型应用复式记账处理了与保守的会计程序相关的计量误差，使分析师能够集中于对未来收益的预测，而不是确定企业采用会计方法对当前会计收益和权益账面价值的影响。

3.6 进一步的讨论

到目前为止，我们已经基本呈现了所有关于折现现金流模型的构成部分和基本模式。但是要正确运用折现现金流模型需要慎重思考以下问题：企业的增长模式、模型的基本假定与稳健性，以及不同模型的适用场景。接下来分别讨论。

3.6.1 增长模式

我们在 3.3 中详细讨论了增长率的估计与预测。但是在实际估值过程中，很难对预测期的企业增长率做出精确预测，因此，需要采用一些简化的增长模式。常用的简化增长模式有三类：稳定增长、二阶段增长和三阶段增长。这几种简单的增长模式来自于企业生命周期理论。

稳定增长模式比较适合于外部市场稳定的成熟期企业。采用稳定增长率时，需要满足两个基本的限制：第一，设定的稳定增长率不能超过采用的折现率，如果增长率超过折现率，将会导致估值结果是发散的；第二，稳定增长率通常设定为企业所处环境的长期经济增长率，比如对于美国的企业，该增长率通常设定在 2%~3.5%。股利增长模型中的 Gordon 模型就是稳定增长模式较著名的一个例子。

二阶段增长和三阶段增长，是假定企业先有一段高速的增长期，然后进入成熟期维持一个稳定的长期增长率。这个稳定增长的要求与前面所说的稳定增长模式的要求相同。二阶段增长模式，假定企业从一个高速增长的阶段直接跳跃到稳定增长阶段。而三阶段增长模式，假定企业从高增长阶段到稳定增长阶段有一个过渡时期。在这个过渡时期，增长率可以是平均下降，可以是阶梯式下降，也可以是随着某些比率之间的关系曲线式下降，如 Roeff（1990）中的 ROPE 模型。过渡的方式多种多样，在过渡过程中值得注意的是，现金流增长率的变化也意味着其背后各种比率的变化。如果只专注于现金流的变化，而忽视其背后比率的变化，最终的估值结果将是误导性的。比如，如果采用股利折现模型，在每一个增长率变化的时间节点，股利发放会由于再投资比率的变化有一个跳跃式的变动，而不是连续变动。进入稳定期后，由于经营风险下降，所采用的折现率也应当发生变化，计算折现率采用的贝塔值应当在 1 附近，因为在稳定期企业风险中的特定风险消失，只剩下市场风险。但模型背后这些逻辑、因素以及因素之间关系的变动，常常为分析师们所忽略。

解决这些问题的一个良好的办法是，将增长率与其背后的驱动因素关联起来。而本章 3.3.3 对增长率的分解为此提供了一个良好的开端。理论上来说，一个最好的做法是完全将企业行为内生化，即设定企业管理层的目标与决策方式后，让模型自动地选择增长模式和增长率。本书第 7 章的动态内在价值评估模型为这类模型提供了一个简单的示例。但遗憾的是，这类模型的构建十分复杂，需要比较高深的数学知识和维护成本，因而并未在价值评估和基本面量化领域流行开来。

📖 3.6.2　基本假定与稳健性

内在价值评估模型非常符合财务经济学的直觉，因而在学界和业界都受到追捧。但由于其估计的价值在很大程度上取决于分析师的诸多假定（比如关于资本结构、费用比例以及增长率等方面的假定），这些假定是分析师们主观设定的，这意味着对于同样一项资产，100 个分析师可能估计出 100 个不一样的结果。所以，内在价值评估技术也常常受到批评，人们有时甚至调侃资产的内在价值评估是一门艺术，而不是技术。提高内在价值评估的精确性的关键有两个方面：第一，尽可能地基于事实及其背后的驱动因素做出假定；第二，估计价值的合理区间，而不是一个数值。

基于事实及其背后的驱动因素做出假定并不容易，因为这要求分析师除了观测企业的财务信息，还必须用合理的框架分析企业的经营活动和经营环境，对分析师的知识储备提出了更高的要求。这里简要介绍几个直接分析企业及其环境的工具。首先，对于任何一个企业的分析都要理解其经营环境。分析经营环境的工具很多，比如分析总体环境可以采用经典的 PEST 模型或者 Volberda 等（2011）对该模型的拓展，从政治、经济、全球化和可持续发展等角度进行全面考察，而行业环境的分析可以采用经典的五力模型和竞争对手分析模型。其次，需要分析企业的内部资源和能力。分析企业内部资源和能力，可以采用价值链模型的框架，评估企业的优势与劣势。在对企业外部环境和内部资源及能力进行分析之后，就可以对企业选择的战略及竞争优势做出判断。最后，基于这些判断就可以尽可能合理地设置价值评估模型的假定。

当然，深入研究企业本身及其外部环境需要花费大量的时间，而且这个过程本身也是主观的。因此，尽可能地保证模型有用性的一种做法是进行价值的区间估计。价值区间估计最简单的操作流程是：第一，进行模型检测，寻找对估值影响最大以及假定最不坚实的参数；第二，进行情景模拟，即在一定范围内调整这些参数，在不同的情景之下估计资产的价值；第三，将这些价值汇总在一个区间，这个区间就是资产真实价值以较大概率存在的范围。如果市场交易价格高于这个区间，我们就可以说，该资产大概率地被市场高估了；反之，则说明该资产被低估了。

📖 3.6.3　模型选择与适用性

本章提供了一个基准的内在价值评估框架，这个框架基础又可以衍生出很多种不同的估值模型。每一个模型都有其隐含的假定，这些假定限制了模型的适用范围。因此，对于不同的资产需要选择恰当的模型。

从生命周期的角度，对于处于不同生命周期阶段的企业，应当选择适合其基本特征的模型。比如，对于处于初创期且具有巨大增长潜力的公司，可以选择三阶段增长模式的价值评估模型；对于处于成长期的企业，可以选择二阶段增长模式的估值模型；对于处于成熟期的企业，可以选择稳定增长模式的模型；如果处于成熟期的企业又成功地找到了新的增长业务，那么可能需要考虑二阶段或者三阶段的增长模式。从企业资本密集程度角度，如果企业属于轻资产类型，这意味着，现金流和未来增长会占据其价值的绝大部分，那么建议采用股利增长模型、权益自由现金流模型或者公司自由现金流模型；如果企业属于重资产类型，这意味着，企业目前拥有的资本可能占据其价值的重要部分，那么建议选择剩余收益类的模型。另外，如果企业的股利支付不稳定，或者长时间没有股利支付，那么建议采用可支付股利模型或者自由现金流模型。

不同的估值目的，也会影响模型的选择。比如，如果目的是并购并且控制目标公司的经营活动，那么应当采用企业价值评估类模型，而不是权益价值类的评估模型。如果目的是购买少数几家公司的股票并赚取差价，那么可以深入地研究企业外部环境和内在资源、能力以及竞争优势，精细地建立模型并评估其每股权益价值。如果模型制定者是量化投资者，那么选择模型的依据应该是模型应用范围的广度、无偏性以及其预测股价的能力，而不是把大量精力浪费在研究其是否能精准地评估每一家公司的价值。当然，关于基本面量化投资者应当如何选择模型，本书第 7 章有详细的介绍。

本章小结

本章在一个相对统一的框架下系统地介绍了各类内在价值评估模型。这些内容不仅完整地为读者提供了一个评估目标资产内在价值的指南，也为本书第7章构建基于内在价值评估模型的基本面量化模型打下坚实的基础。

折现现金流模型着眼于估计资产的真实价值而非市场价格。其基本原理是将资产未来产生的现金流的折现值作为资产当前的内在价值。构建和采用折现现金流模型需要遵循一致性、遵循价值评估的逻辑以及平滑性三个基本原则。

标准的折现现金流模型包含四个重要的元素，即现金流、增长率、折现率与终值。本章详细介绍了除折现率外的其他三个元素的含义、估计方法以及估计时应当注意的各类事项。我们不能直接从财务报表得到现金流，需要基于价值评估的视角将会计上的现金流转化为估值用的现金流，这个过程涉及诸多精细、巧妙的调整。增长率的估计方法有很多，大体可以分为三类，即基于历史信息的估计、采用分析师的一致性预测以及直接基于企业基本面信息利用统计方法来估计。终值的计算也有三种方法，即永续增长法、退出乘数法和清偿价值法。其中，退出乘数法并不具备模型的一致性，因为它借助相对估值法来估计终值。

然而标准的折现现金流框架并不能囊括所有形式的折现现金流模型，因此，本章还介绍了三类拓展的折现现金流模型，即调整现值模型、经济增加值模型和剩余价值模型，后两类模型是基于价值创造观的模型。

最后，本章还强调了正确运用折现现金流模型应当注意的其他事项。比如，如何选择增长模式，如何设定模型的基本假定和提高模型的稳健性，以及在实践中应当如何选择合理的评估模型。

4

基于市场的评估：相对估值模型

　　预计公司在某一期间的净利润为×××元，对应 EPS 为×××元，参照同行业市盈率的平均值，我们预计目标价为×××元。

　　通过相关性分析和单变量投资组合检验，我们发现账面市值比与股票预期回报率之间总体上呈正相关关系，这意味着账面市值比越高的股票越便宜，因此，模型采用该比率作为价值因子。

　　第一段话是人们阅读分析师的研究报告时，较常见的相对定价模式。第二段话是人们考察多因子模型时，较常见的选择价值因子的依据。如果认真阅读完本章内容，读者会发现这种表述是如此的肤浅，甚至是具有误导性的。

　　本章系统地介绍了相对估值模型，具体内容安排如下：4.1 介绍了相对估值法的基本原理；4.2 介绍了多种常见的估值倍数；4.3 对常见的估值倍数进行分解，考察了它们的基本面决定因素；4.4 讨论了可比公司的原则以及控制可比公司间差异的主要方法；最后是本章小结。

(4.1) 相对估值法的基本原理

　　在折现现金流模型中，我们试图基于资产未来产生现金流的能力、风险以

及增长等基本面因素评估它的内在价值。在相对估值法中，我们在市场对相似资产已有定价的基础上做出适当调整，估计标的资产的应当价格。如果市场是正确的，那么两种方法估计的价格在平均意义上应该收敛。但如果市场上出现普遍的高估或低估，那么两种方法得出的结果将会相互偏离。

4.1.1 相对估值模型的基本假定

相对估值模型根据相似资产在市场上的价格进行定价。它有两个基本的核心假定，即一价法则和市场整体有效。

与折现现金流模型不同的是，相对估值模型假定市场整体，或者平均而言，是有效的，个别企业或股权的定价可能偏离其真实值。比如，我们相对于白酒行业的其他公司对五粮液进行估值，我们实际上就假定，至少在平均意义上，市场对这些公司进行了正确的定价。而折现现金流模型认为市场对单个企业或者整个市场的企业都可能错误地定价，随着时间的推移，市场价格终将回归其内在价值。

相对估值模型假定市场定价遵从一价法则，即如果交易费用为零，具有相同特征的企业应当具有相同的价格。这个假定建立在折现现金流模型和前一个假定的基础上。折现现金流模型认为，如果两个企业具备相同的现金流、增长和风险特征，那么它们的内在价值相同。进一步地，如果市场是有效的，企业的市场价格等于其内在价值。因此，具有相同基本面特征的企业，也应当具有相同的价格。然而，现实中不可能存在两家完全相同的企业，这意味着我们必须容忍一定的差异，在排除这些差异后，基本面特征相似的公司具有相近的价格。这组基本面相似的公司，常常被称作可比公司。

在折现现金流模型中，我们已经发现，企业或者股权的内在价值在很大程度上取决于未来的预期现金流和风险。这意味着，内在价值也是一种基于信念的价值，在现实中是不能观测的。在市场上能够看到的只是企业或者股权的价格。我们在第1章已经提到，除了内在价值，股票的市场价格还受到一系列价格因素的驱动，包含市场情绪、动量、流动性以及一些增量信息。因此，在利用相对估值模型评估资产价格时，还必须考虑非基本面因素的影响。

📖 4.1.2　相对估值模型的基本原则

相对估值模型是投资者和分析师较常用的估值手段，但也是较容易被误用的手段。正确运用相对估值模型评估企业的价值需要遵循一些基本的原则，才能尽可能地避免滥用和误用。正确运用相对估值模型需要遵循以下原则。

第一，一致性，即所采用的倍数的分子和分母的权利属性应当相同。相对估值模型通常借助于一些倍数来实现，比如市盈率、市销率和企业价值倍数等。这些倍数通常是分数的形式，分子常常对应支付的价格，分母常常对应企业某一项基本面特征。如果分子和分母的权利属性不一样，比如分子从属于股权，而分母从属于整个企业，那么该倍数将不能排除企业资本结构的影响，从而对定价产生误导。常用倍数中，市销率就是一个不符合一致性原则的典型。

第二，可比性，即我们采用的倍数在可比公司之间是可以比较的。这意味着，我们进行可比公司间的比较需要满足以下条件。首先，我们采用的倍数在定义上一定是相同的。比如，在采用企业价值倍数进行价值评估时，我们对所有可比公司计算的都是企业价值与账面价值比率，而不是一些公司采用企业价值与账面价值比率，其他一些公司采用企业价值与投入资本比率。其次，采用的倍数要能够控制重要的差异。比如，采用市盈率估计一组资本结构差异较大的公司时，我们必须控制债务对股权价值的影响。最后，不同的公司采用的会计政策不一样，计算倍数的方法也不一样。当我们采用市盈率时，计算每股净利润的会计调整过程应该完全相同。如果计算存货价值时，一些公司采用先进先出法（FIFO），而另外一些样本采用了后进先出法（LIFO），这将导致销货成本的不可比，进而导致营业利润和每股净利润也是不可比的。

第三，合理控制差异。现实中没有完全相同的两家公司，因此，能够合理控制公司间的差异是公司间进行比较的关键。在相对估值模型中，倍数的分母一般既是驱动分子（价格）较重要的因素，也通常是公司间差异较大的因素。

如果直接比较样本之间的倍数，那么其潜在假定就是，除了分母外，样本公司间的其他价值和价格驱动因素都相同，这显然是不合理的。因此，我们还需要采用一些手段控制除分母外的其他方面的差异。如果不能控制差异，那么定价的偏差可能来自于模型的偏差而不是市场的错误定价。

📖 4.1.3　相对估值的基本步骤

标准化的估值倍数不仅易于使用，而且极易被误用。除了遵循一些基本的原则外，我们还可以通过四个基本步骤来合理使用估值倍数。

第一，确保倍数定义的一致性，以及在所有可比公司之间计算的倍数是相同的。即便对于最简单的倍数，不同的分析师也会给出不同的定义。比如估值中经常使用的市盈率，分析师将其定义为普通股每股价格与每股净利润之比，各种市盈率概念的共同之处也就仅此而已。但在现实中，如我们将在4.2中呈现的一样，市盈率的版本多种多样，不同版本的市盈率在数值上可能差异巨大。

第二，描述倍数在公司间的分布。不仅要理解同一行业内企业间的分布，而且要理解市场上所有企业间的分布。采用倍数时，了解可比公司或者整个行业的公司倍数分布是非常重要的。因为用倍数旨在评估企业价值是否被高估。不仅要关注行业的倍数，还要关注整个资本市场的倍数，因为不同行业之间要竞争整个资本市场的资本，关注行业间的倍数能够知道整个行业是否被错误定价。由于倍数没有上限，一些价格特别高或者利润较低的企业倍数会特别大，导致平均值丧失其价值。一个好的办法是，通过不同的分位数来描述估值倍数的基本统计特征。

第三，分析决定倍数的因素以及这些因素的变动如何传导并影响倍数。在折现现金流模型中我们曾提到，公司的内在价值是如下三个变量的函数——公司创造现金流的能力、现金流的预期增长率以及与这些现金流相关的不确定性。不管是针对利润、收入还是账面价值的倍数，都取决于这三个基本变量。因此，那些增长率高、风险小、现金流创造潜力大的公司，理应比低增长、高风险和低现金流潜力的公司具有更高的价格倍数。

第四，寻找恰当的可比公司，并合理控制公司间的差异，以获得目标公司公允的价格倍数。倍数只有与可比公司相互匹配，才能确定目标资产的价值。但哪些公司可以作为可比公司呢？分析师们通常的做法是，从同行业中寻找，但这未必是最佳的方式。此外，目标公司和可比公司之间存在着各种各样的差异，控制这些差异是正确使用相对估值法的另一个关键之处。

为了企业估值的准确性，在相关分析中还可以合理组合运用不同的估值比率，仅用一个比率容易出错。比如，市净率和市销率是相对稳健的比率，能够评估的企业数量较多，且比率在数值上的波动性较低，而市盈率则常常在短期中具有较大的波动性，对新趋势的反应很快。价格与价值的比较如图 4-1 所示。

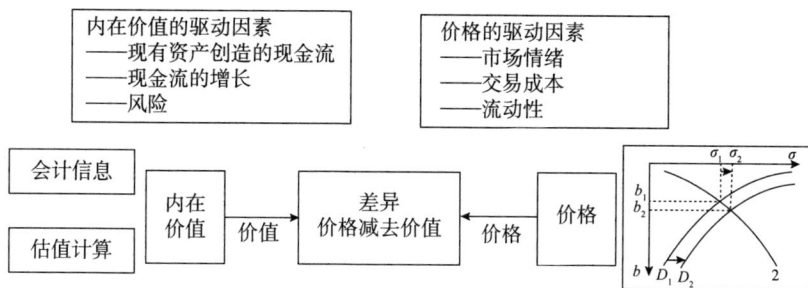

图 4-1 价格与价值的比较

需要注意的是，价值主要受基本面因素影响，价格则依赖于需求和供应的力量对比，而市场需求的存在和变化则是独立于基本面的。

(4.2) 常见的倍数

在相对估值法中，我们通常使用的工具是一些估值倍数。这么做有两个基本的假定：第一，将倍数的分母视为一组（可比）公司间的主要差异，而这些公司间其余因素都是相似的。第二，倍数的分母与分子间的关系是线性的，在控制分母的差异后，各个公司间的分子的差异不大。常见的倍数大致可以分为四个类别：收益倍数、账面价值倍数、收入倍数以及一些行业特定或者另类倍数。

📖 4.2.1　收益倍数

收益倍数是将价格与公司的利润关联起来，认为不同定义的利润是可比公司间的主要差异。较常见的收益倍数有 P/E 倍数（市盈率）和 EV/EBITDA 倍数（实体倍数）。前者主要关注归属股东的利润与股票价格之间的关系，而后者关注整个公司的市场价值与公司归属于债权人、股东以及政府三者的利润之和间的关系。

4.2.1.1　P/E 倍数

P/E 倍数也被称为市盈率，是分析师们使用相对估值法时较常用的倍数，但也是较容易被混淆的倍数。P/E 的基本定义为，每股市价与每股净利润的比率。它衡量的是，在不考虑资金时间价值的前提下，以当前价格购买一个公司的股权，需要多长时间才能回收这项投资的成本。

市盈率的变体有很多，人们常常误用不同概念的市盈率进行公司间比较。计算市盈率时，分母可以采用上一自然年度的每股收益，得到静态市盈率；可以采用最近四个季度的每股收益，称为在"历史基础"上计算的历史市盈率（Tailing P/E）（也被称为滚动市盈率，TTM）；可以采用本年度预测的每股收益，得到动态市盈率；也可以采用下一财年的预期利润，称为以"领先基础"计算的领先市盈率（Leading P/E）。计算每股收益时，如果股份数量采用期末数而不是平均数，则得到全面摊薄的每股收益。采用不同定义的市盈率，计算结果将会产生很大的差异。比如对于成长较快的公司，预期市盈率和静态市盈率之间的差异可能会特别大。当企业经营发生重大变化（如资产重组）时，依据历史数据计算的市盈率失效；当企业的经营非常不稳定，下一财年的数据难以预测时，依据预测数据计算的市盈率也不再适用。

计算市盈率时，价格的确定比较直观，一般采用当前普通股每股价格，因此，成功运用市盈率进行估值的关键在于合理估计每股利润（EPS）。利润表中非持续经营事项和非常规项目，比如出售资产的收益或者损失、资产减记、未来损失准备金、政府补贴、自然灾害产生的非常规损失等，并非来自可持续经营业绩，会引起企业利润的异常波动。因此，在计算利润时，建议集中于具有一致性且可持续的主营业务收入。

如果利润表中的异常部分主要由商业周期引起，那么可以采用一些标准化手段来获得每股利润（EPS），而不是直接采用最近财务报表中的每股利润（EPS）。通常有两种标准化方法：第一，采用历史平均每股利润（EPS），也就是最近一个完整经营周期的历史平均值；第二，最近一个完整经营周期的平均净资产收益率（ROE）乘以当前每股账面价值。通常一个完整的经营周期可能持续数年，期间企业的规模可能发生巨大的变化。利用平均净资产收益率（ROE）乘以当期每股账面价值得到的标准化每股利润，能够将这种由规模变化产生的影响剔除掉，因而能够得到更加合理的每股利润。

此外，每股净利润是利润表上的最后一项，容易受到企业会计政策或管理层人为操纵的影响。比如，一些公司的增长来自于并购活动，但在合并财务报表中它们对利润的处理方式不尽相同；不同公司对一些支出（如研究支出）费用化或资本化的处理方式也不同；非持续经营事项和非常规事项并非来自持续经营的业绩，也会引起利润变动，但并非所有用于比较的公司都同时有这些项目调整。因此，为保证可比性，就必须对这些项目进行合适的调整，对所有公司采用相同的利润计算方法。

尽管市盈率是常用的价格倍数，但其本身具有一些局限性。首先，对于利润为零或为负的企业来说，市盈率没有意义，该比率仅适用于具有正利润的公司。其次，如果不能合理调整利润中的波动性部分和临时性部分，那么分析师就很难对市盈率进行合理的解释。最后，公司管理层对影响报告利润的会计选择具有相当大的自由裁量权，这导致每股利润很容易受到操控。

4.2.1.2 EV/EBITDA 倍数

EV/EBITDA 倍数，又称为实体倍数，它的基本定义为，企业减去现金后的市场价值与企业税息折旧及摊销之前的利润之比。现金的利息收入并不属于 EBITDA，因而需要扣除，否则倍数会被高估。该倍数的具体表达式如下：

$$EV/EBITDA = (权益市场价值+债务市场价值-现金)/EBITDA$$

相对于 P/E 倍数来说，EV/EBITDA 倍数较少地受到会计政策的影响。但是对于交叉持股的公司来说，EV/EBITDA 倍数仍然需要调整。交叉持股分为主动持股和被动持股。当一家公司被动持股时，公司的营业利润不能反映其所持股份的公司的收入，但是分子却包括少数股权的市场价值，这时公司的 EV/EBITDA 倍数将被高估。当一家公司主动持股时，EBITDA 包括子公司全部的 EBITDA，但分子仅反映了属于控股公司的部分子公司的价值，此时 EBITDA 倍数将被低估。因此，对于被动持股的情形，上式分子中需要减去持有股权的估计值，或者将子公司 EBITDA 的一部分添加到分母中；对于主动持股的情形，上式分子中需要减去子公司价值的比例份额，并从分母中减去子公司的整个 EBITDA。

相对于市盈率，EV/EBITDA 倍数具有以下几个方面的优势：第一，EBITDA 为负的公司要比每股利润为负的公司少得多，因而适用的范围更广。第二，不同公司之间折旧方法的差异可能导致净利润产生差异，但不会影响 EBITDA。第三，由于倍数的分子是公司价值，分母是息税前利润，都不会受到资本结构的影响，因而也适合在具有不同财务杠杆的公司之间进行比较。

4.2.2 账面价值倍数

账面价值倍数将市场价格与账面价值直接关联，吸引人的地方在于，其提供了一个非常直观的价格判断标准：当资产价格远低于其账面价值时，资产就显得便宜；反之，资产就可能被市场高估了。常用的账面价值倍数有很多，这里主要介绍市净率（P/BV）和企业账面价值倍数。

4.2.2.1 P/BV 倍数

P/BV 倍数（市净率）的定义为，每股市价与当前每股账面价值的比率。它体现了市场支付给净资产的溢价。账面价值是一种静态的历史衡量手段，并不考虑公司的持续经营价值，因此，市净率（P/BV）计算的是与资产相关的价值，而不是产生利润的能力。其表达式为：

$$市净率（P/BV）＝每股市价（P）/当前每股账面价值（BV）$$

尽管该倍数的分子和分母都是权益值，但是在计算每股权益账面价值时需要特别谨慎，否则仍然会出现不一致性。第一，如果存在多种流通在外的股票，不同类别的股票价格可能会不同，账面价值也难以在不同类型的股票间进行分配。第二，由于权益的市场价值仅指普通权益，因此，在计算权益的账面价值时需要剔除优先股。一种比较好的做法是，使用剔除优先股的股权总市场价值和总的账面价值来计算市净率。第三，不同国家更新权益账面价值的频率不一样，不同公司公布最新的财务报表的时间也不一样，一些分析师采用最新的权益账面价值，这可能导致不同公司采用了不同时间点的权益账面价值，这将违背可比性原则。第四，也是最棘手的问题，即未尝期权的价值。从技术上，我们需要计算期权的市场价值，然后将其加入股权的市场价值，再来计算市净率。

同样地，企业使用的会计政策也会影响到权益的账面价值和市净率。比如，两家其他条件都相同的技术性公司，一家允许将研究费用资本化，而另外一家不允许，那么前者的市净率将更低，因为股权的账面价值因研究资产的价值增加而增加。

近年来，越来越多的公司进行股票回购，将现金返还给股东。当公司回购股票时，公司的账面净值会减少回购的金额。尽管与公司支付现金股利相同，但回购往往比常规股利要大得多，因此，对账面资产的影响更大。比如，有一家公司的股票市值为8亿元，账面价值为4亿元，市净率为2。如果该公司借入2亿元用于回购股票，其账面权益将降至2亿元，市场权益将降至6亿元，新的市净率为3。另外，企业的收购活动也会影响市净率。进行收购时，对于如何分配目标公司的资产购买价格，企业具有一定的酌处权。如果目标公司的价值自收购以来已经下降，则商誉必须在随后的几年中重新审查并减少。当可比公司样本中的某些公司回购股票而有些公司不回购时，或者在收购的会计处理上存在较大差异时，比较各个公司的市净率，可能会出现问题。调整差异的一种方法是从收购中删除商誉，并将回购的市场价值加回到账面权益中，以得出调整后的权益账面价值，然后可以基于调整后的权益账面价值计算市净率。

4.2.2.2　企业账面价值倍数

企业账面价值倍数，也被称为企业价值与账面价值比率（Value to Book Ratio），它将公司的市场价格与公司资本的账面价值相关联。它的计算公式如下：

$$企业账面价值倍数 = \frac{权益市场价值+债务市场价值}{权益账面价值+债务账面价值}$$

如果无法获得债务的市场价值，则在分子中也可以使用债务的账面价值。上式分子和分母中债务的定义应当相同，比如如果选择将经营租赁作为债务以计算债务的市场价值，则还必须将经营租赁的现值加上债务的账面价值。

企业账面价值倍数有一个常见的变体，即在分子和分母中同时扣除现金的影响，得到企业价值与投资资本比率。分母扣除现金的账面价值后，就是企业的投资资本。该比率的表达式为：

$$企业价值与投资资本比率 = \frac{权益市场价值+债务市场价值-现金}{权益账面价值+债务账面价值-现金}$$

账面价值是衡量净资产价值的合适指标，因此，账面价值乘数能够有效评估优质资产公司，非持续经营状况、流动性资产占比较高的金融机构（如金融、投资和保险等），盈利基本为零或为负的成熟期公司或周期性公司。对于盈利基本为零或为负的成熟期公司或者周期性公司，市净率和净资产收益率（ROE）、企业账面价值乘数与总资产收益率（ROTA）、企业价值与投资资本比率和投资资本收益率（ROIC）这三对组合能够帮助估计标准化收益（或企业价值）的范围和峰值。换而言之，当公司没有收益或收益不是直接价值驱动时，账面价值乘数仍然可以用来区分行业中的公司。

但是使用账面价值倍数有几个值得注意的地方：第一，账面价值受折旧方法、存货计量以及其他变量的会计决策影响。当会计标准在各公司之间差异很大时，市净率、企业账面价值倍数以及企业价值与投资资本比率等在公司之间都是不能直接比较的。第二，账面价值对于没有重大有形资产的服务和技术公司可能没有多大意义。第三，如果一家公司持续出现负面收益报告，那么其股票的账面价值可能会变为负值，从而导致负的账面价值乘数。

📖 4.2.3 收入倍数

收入倍数相对于企业产生的营业收入来度量权益或者企业的价值。与其他倍数相似，当其他条件相同时，收入倍数较低的股票或者企业相对于收入倍数较高的股票或企业更便宜或价值更小。有两个常用的收入倍数，即 P/S（市销率）和 EV/Sales（企业价值与营业收入比率）。

4.2.3.1 P/S 倍数

P/S 倍数，也称为市销率，将股票价格与企业的销售额直接关联。它的表达式如下：

$$市销率=权益市场价值/营业收入$$

显然，市销率是不具备一致性的，它用权益市场价值来除整个企业产生的营业收入。这种不一致性可能导致高杠杆的企业具有较低的市销率。如果一组可比公司的杠杆程度不同，那么采用市销率将得到误导性的结果。因此，运用市销率进行估值时，需要特别留意可比公司间的资本结构的差异。

4.2.3.2 EV/Sales 倍数

EV/Sales 倍数，也称为企业价值与营业收入比率，它将企业价值与企业的营业收入关联起来。其具体表达式为：

$$企业价值与营业收入比率=\frac{权益市场价值+债务市场价值-现金}{营业收入}$$

与 EV/EBITDA 倍数一样，企业价值与营业收入比率需要从企业价值中扣除现金，因为现金产生的收入不属于营业收入。它比市销率更加稳健，因为它用运营资产产生的收入来除运营资产的市场价值，满足内部一致性的要求。

相对于前面介绍的倍数而言，收入倍数对分析师很有吸引力。首先，很多公司的收益倍数和账面价值倍数可能为负数，但几乎任何公司，甚至是陷入财务困境或初创的成长性公司，都可以使用收入倍数。因此，采用收入倍数产生样本选择性偏差的可能性要低得多。其次，收益和账面价值倍数受折旧、存货、研发支出以及一些特殊费用的会计决策的影响很大，而不同部门和市场对收入处理的会计标准非常相似，因而收入倍数相对难以操纵。最后，利润对经济变化的敏感性比营业收入要高得多，收入倍数比收益倍数更加平稳，因而也适用于周期性公司。

但收入倍数也具有它的局限性。与收益倍数和账面价值倍数相似，不能明确地解释企业的增长和风险。相比收益倍数和账面价值倍数，收入倍数遗漏的企业信息也更多，高的销售额不一定意味着高利润或者高现金流，但这些却与企业的价值直接相关。由于销售额并不涉及企业的资本投入，因此，也没有考虑企业间的利润边际和成本结构差异。销售额尽管更不易于遭到会计操控，但仍然可以通过加速收入确认等方式扭曲。

📖 4.2.4　行业特定倍数

尽管收益倍数、账面价值倍数和收入倍数等在直观上很有吸引力，并且已经得到了广泛使用，但近年来，一些公司根据特定行业指标，比如产能、原材料储量、客户以及网站访问者的数量等，构造了一些另类的倍数进行评估企业价值。

行业特定倍数会因行业或者企业所处状态的不同而不同，但是都具有以下一般特征：分子一般是企业价值，而分母一般是产生收益或者利润的运营单位。对于大宗商品生产类公司，如原油企业、煤炭采掘以及矿产等公司，分母为商品的储量；对于制造类企业，如生产同质性产品（钢铁或水泥）的企业，分母为产量或者产能；对于基于订阅或者用户的企业，分母为订阅数量或者注册用户数量，如共享单车企业；对于像亚马逊这样收益来源于顾客在平台上购物的数量的企业，分母可以设置为用户数量。行业特定倍数的一般表达式为：

$$行业特定倍数 = \frac{企业价值}{与公司经营业绩紧密相关的某个指标}$$

采用行业特定倍数具有以下几方面的优势：第一，可以将企业价值与企业的经营细节直接相关联，在直观上更加易于解释。第二，行业特定倍数的计算可以不用依赖于会计报表，因此，当企业没有会计报表或者会计报表不可靠、不可比时，我们可以考虑使用行业特定倍数。第三，当企业的利润为负，营业收入或者账面价值不能度量企业的盈利前景时，行业特定倍数可能是一个更加合理的估计方法。比如在互联网诞生初期，人们采用网站访问数量倍数来评估互联网企业的价值。近几年，很多分析师也会采用流量、粉丝数量以及用户数量等倍数来评估一些非正规的经营单位的价值。行业特定倍数特别适合于评估不成熟的行业或者新兴商业中的企业价值。

在使用行业特定倍数时，应当注意以下事项：第一，为了保证倍数的一致性，行业特定倍数一般用于评估公司价值，而不是股东价值。第二，行业特定倍数与企业基本面之间的关系十分复杂，因此，在进行公司之间的比较时，更加难以控制公司之间的差异。第三，由于行业特定倍数无法与其他行业或者在整个市场上进行比较，因此，对价值的评估很容易偏离真实值而不自知。

(4.3) 影响倍数的基本面因素

在折现现金流模型中，我们发现企业的内在价值主要取决于风险、增长与产生现金流的潜在能力等基本面因素。通过一系列的代数和会计变换，我们同样能够发现企业的估值倍数也取决于这些基本面因素。尽管对风险、增长和产生现金流的潜在能力采用不同的度量形式，将产生不同的对估值倍数的分解，但基本结论都是一致的。为了剖析倍数的基本面影响因素，我们将倍数的分子替换为股票或者企业的内在价值。在第 3 章考察折现现金流模型时，我们已经介绍了很多估算权益和企业内在价值的方法。为了简便起见，这里主要采用稳定增长的股利增长模型和公司自由现金流模型来计算股权和企业的内在价值。

在稳定增长的情形下，用 P_0 表示企业普通股每股内在价值，用 EPS_0 表示当期的每股净利润，用 $g_{e, st}$ 表示稳定增长阶段的股利增长率，用 $r_{e, st}$ 表示稳定增长阶段的权益成本，用 POR_{st} 表示稳定增长阶段的股利支付比率。那么，普通股每股内在价值为：

$$P_0 = \frac{EPS_0 \times POR_{st} \times (1+g_{e,\,st})}{r_{e,\,st} - g_{e,\,st}}$$

将上式两端分别除以每股净利润、每股权益账面价值和每股销售收入，在除以股权的账面价值时考虑到 $EPS_0 = BV_0 \times ROE$，我们可以得到如下对市盈率、市净率和市销率的分解：

$$\frac{P_0}{EPS_0} = PE = \frac{POR_{st} \times (1+g_{e,\,st})}{r_{e,\,st} - g_{e,\,st}}$$

$$\frac{P_0}{BV_0} = PBV = \frac{ROE \times POR_{st} \times (1+g_{e,\,st})}{r_{e,\,st} - g_{e,\,st}}$$

$$\frac{P_0}{Sales_0} = PS = \frac{销售净利率 \times POR_{st} \times (1+g_{e,\,st})}{r_{e,\,st} - g_{e,\,st}}$$

可以发现，市盈率的主要基本面决定因素为预期增长率、权益资本成本和股利支付率。它是预期增长率和股利支付率的增函数，是权益资本成本（风险）的减函数。如果某公司在其他方面都与可比公司相似，但是它具有更高的增长率、更低的风险和更高的派息率，那么其交易的市盈率就应该高于其他公司。除了预期增长率、权益资本成本和股利支付率这些因素，市净率还受到净资产收益率的影响。它是预期增长率、净资产收益率和股利支付率的增函数，是权益资本成本（风险）的减函数。而决定市销率的基本面因素主要为销售净利率、预期增长率、权益资本成本和股利支付率。类似地，它是销售净利率、预期增长率和股利支付率的增函数，是权益资本成本（风险）的减函数。

为了考察以上结论是否在高增长公司中已成立，我们考虑最简单的二阶段股利折现模型。假定公司在前 n 年以一个固定的较高的速度增长，之后直接进入稳定增长阶段，以一个较低的恒定不变的速度增长。分别用 $g_{e,\,hg}$ 和 $g_{f,\,hg}$ 表示高速增长阶段股利的增长率和公司自由现金流的增长率，用 $r_{e,\,hg}$ 和 $r_{wacc,\,hg}$ 表示高速增长阶段的权益资本成本和加权资本成本。那么，普通股每股内在价值可以表示为：

$$P_0 = \frac{EPS_0 \times POR_{hg} \times (1+g_{e,\,hg})}{r_{e,\,hg} - g_{e,\,hg}} \times \left[1 - \frac{(1+g_{e,\,hg})^n}{(1+r_{e,\,hg})^n}\right] + \frac{EPS_0 \times POR_{st} \times (1+g_{e,\,hg})^n \times (1+g_{e,\,hg})}{(r_{e,\,st} - g_{e,\,st})(1+r_{e,\,hg})^n}$$

同样地，该公式两边分别除以每股净利润、每股账面价值和每股销售收入，就能够得到高增长公司的估值倍数的分解：

$$\frac{P_0}{EPS_0}=\frac{POR_{hg}\times(1+g_{e,\,hg})}{r_{e,\,hg}-g_{e,\,hg}}\times\left[1-\frac{(1+g_{e,\,hg})^n}{(1+r_{e,\,hg})^n}\right]+\frac{POR_{st}\times(1+g_{e,\,hg})^n\times(1+g_{e,\,hg})}{(r_{e,\,st}-g_{e,\,st})(1+r_{e,\,hg})^n}$$

$$\frac{P_0}{BV_0}=ROE\times\left\{\frac{POR_{hg}\times(1+g_{e,\,hg})}{r_{e,\,hg}-g_{e,\,hg}}\times\left[1-\frac{(1+g_{e,\,hg})^n}{(1+r_{e,\,hg})^n}\right]+\frac{POR_{st}\times(1+g_{e,\,hg})^n\times(1+g_{e,\,hg})}{(r_{e,\,st}-g_{e,\,st})(1+r_{e,\,hg})^n}\right\}$$

$$\frac{P_0}{Sales_0}=PS=销售净利率\times\left\{\frac{POR_{hg}\times(1+g_{e,\,hg})}{r_{e,\,hg}-g_{e,\,hg}}\times\left[1-\frac{(1+g_{e,\,hg})^n}{(1+r_{e,\,hg})^n}\right]\right.$$

$$\left.+\frac{POR_{st}\times(1+g_{e,\,hg})^n\times(1+g_{e,\,hg})}{(r_{e,\,st}-g_{e,\,st})(1+r_{e,\,hg})^n}\right\}$$

在意料之中，可以发现对于高成长性公司，除了高增长阶段的年数外，结论并没有任何变化。这还可以轻易地扩展到任何增长模式，但除了产生更加烦琐的公式外，并不会提供任何新的洞见。我们这里依赖于股利折现模型进行分解，如果采用其他的折现现金流模型估计内在价值进行分解结论依然成立。比如，Bhojraj和Lee（2002）采用剩余收益模型估计内在价值对倍数进行分解，得出的结论仍然与我们保持一致。

我们还可以通过类似的分析推导公司价值倍数的基本面决定因素。在稳定增长的情形下，用EV_0表示当期企业内在价值，用$FCFF_1$表示下一期公司自由现金流，用$g_{f,\,st}$表示稳定增长阶段的公司自由现金流增长率，用$r_{wacc,\,st}$表示稳定增长阶段公司的加权资本成本，那么企业的内在价值可以表示为：

$$EV_0=\frac{FCFF_1}{r_{wacc,\,st}-g_{f,\,st}}=\frac{EBIT_1(1-T)\times(1-再投资率)}{r_{wacc,\,st}-g_{f,\,st}}$$

将该式分别除以下一期的$EBITDA_1$、投资资本和公司销售收入，我们可以得到对公司价值倍数的分解，如下：

$$\frac{EV_0}{EBITDA_1}=\frac{(1-T-再投资率)}{r_{wacc,\,st}-g_{f,\,st}}\times\frac{EBIT_1}{EBITDA_1}$$

$$\frac{EV_0}{投资资本}=ROIC\times\frac{(1-再投资率)}{r_{wacc,\,st}-g_{f,\,st}}$$

$$\frac{EV_0}{Sales_0} = \frac{EBIT(1-T)}{Sales_0} \times \frac{1-\text{再投资比率}}{r_{wacc,\,st} - g_{f,\,st}}$$

这些倍数主要取决于税后经营利润率、再投资比率、加权资本成本和预期的增长率。同样地，可以证明在高速增长的情形下，公司价值倍数的基本面影响因素和传导方式与稳定增长的情形相同。但是我们这里不详细展开讨论第二阶段增长模式下的情形，因为在由高速增长向稳定增长阶段过渡的时期，由于再投资比率的变化，公司自由现金流会发生一个跳跃，导致倍数不能像第二阶段股利增长模型一样，直接用0时期的自由现金流乘以 $(1+g_{e,\,hg})^n$ 得到。但除了这个细微的代数表达上的差异外，我们的结论仍然成立。

表4-1总结了倍数以及决定倍数的基本面因素，并在每个要素后面的括号中用正号和负号表示了倍数与变量之间的关系，其中（+）表示倍数是该变量的增函数，（−）表示倍数是该变量的减函数。

表4-1 倍数以及决定倍数的基本面因素

倍数	决定倍数的基本面因素
市盈率：价格/每股利润	预期增长率（+），股利支付率（+），风险（−）
市净率：价格/每股账面价值	预期增长率（+），股利支付率（+），风险（−），净资产收益率（+）
市销率：价格/每股销售收入	预期增长率（+），股利支付率（+），风险（−），净利润率（+）
EV/EBITDA	预期增长率（+），税后经营利润率（+），风险（−），再投资率（−），税率（−）
EV/投资资本	预期增长率（+），再投资率（+），风险（−），投资资本收益率（+）
EV/企业销售收入	预期增长率（+），再投资率（−），风险（−），税后经营利润率（+）

上述分析对于投资者来说有两个方面的重要含义。首先，分析揭示了可能导致可比公司间相关倍数差异的重要变量。如果忽视这些变量，我们得出这样的结论，即市盈率为9的股票比市盈率为12的股票更加便宜，但是造成市盈率出现差异的真正原因，可能是后者增长率较高；或者让我们认为市销率为0.7的股票比市销率为1.2的股票更便宜，造成这种现象的原因可能是后者净利润率较高。这意味着，我们不能忽视倍数后面的基本面决定因素，而通过单一的

指数来判断企业被市场高估还是低估。其次，对于某些行业的企业，某些倍数可能会由于行业的经营特征固有地偏高或者偏低。比如，重资产行业的企业的投资资本收益率一般会比轻资产行业的企业低，这意味着，在给定预期增长率、再投资率和风险都相同的前提下，轻资产行业的 EV/投资资本倍数会普遍比重资产行业高。这说明，我们不能在忽视行业特征的情况下，对市场上的所有企业采用相同的倍数来评判企业是否被正确地定价。但这两方面的含义，恰恰是目前绝大多数多因子模型忽视的，可能正是这个原因，导致目前大多数多因子量化模型表现平平。

4.4 可比公司的选择与差异控制

我们在 4.1 中已经阐明，相对估值法的哲学基础是一价法则和市场有效性。如果所有影响资产价值的因素都相同，那么两个资产应当具有相同的内在价值，如果市场是有效的，价格就是价值的真实体现，因而，具有相同基本面特征的资产价格也应该相同。但是在具体运用相对估值模型时，这两个基础都是难以得到完全满足的。世界上并不存在两个完全相同的资产，而由于受到价格驱动因素，如市场情绪、动量、交易量、增量信息以及交易成本等的影响，资产的价格常常偏离其内在价值。这意味着，在寻找可比公司和控制差异时应当特别审慎。

4.4.1 可比公司

什么是可比公司？可比公司是指现金流量、增长潜力和风险等决定企业内在价值的基本面因素与待评估公司相似的一组公司。如果可以通过评估在风险、增长和现金流量方面都完全相同的公司的定价来对公司进行估值，那么将是理想的选择。在此定义中，没有内容与公司所属的行业或部门相关。因此，如果两者在现金流量、增长和风险方面相同，则可以将电信公司与软件公司进行比较，但是很多分析师都将可比公司定义为该公司所在行业的其他公司。如果行业中有足够的公司允许这样做，则应使用其他条件进一步修剪可比公司列表，比如仅考虑类似规模的公司，此处隐含的假设是，同一行业的公司具有相似的风险、增长和现金流量状况。

如果将可比公司定义为在风险、增长和现金流量方面都与目标公司相似的公司，则可能只有少数几家，甚至没有可比公司。如果更广泛地定义它，并接受一个或多个维度上的差异，那么将产生很多可比公司。如果能找到控制公司间差异的方法，则使用较多的可比性较小的样本，而不是较少的可比性较大的样本，将获得相对可靠的相对价值估计。

随着全球化的发展，分析师将面临一个新的挑战，即一个行业的公司在不同的市场进行贸易。比如在汽车行业，美国、欧洲和亚洲的公司都争夺全球市场份额。这时比较这些公司应当考虑它们面临的不同的风险、增长和现金流量特征。与欧洲公司相比，亚洲汽车公司可能具有更高的增长潜力和风险敞口。此外，会计准则和货币的差异可能会扭曲市场和会计数字，因而也必须加以控制。

4.4.2　差异控制

无论我们如何构建可比较公司的列表，最终得到的可比公司都会与目标公司存在或多或少的差异。在某些变量上差异可能很小，而在另一些变量上差异可能很大，这时我们必须控制这些差异。通常有三种控制差异的方法：主观调整法、修正倍数法以及统计分析。

4.4.2.1　主观调整法

相对估值法始于对使用的倍数和可比公司的选择。为每个可比公司计算同一个估值倍数，然后计算平均值，将目标公司的交易倍数与计算出的平均值进行比较。如果差异很大，则需要对公司的个别特征（如增长、风险或现金流量等）是否可以解释差异做出主观判断。比如在平均市盈率为 20 的行业中，某公司的市盈率为 15，一些分析师可能认为这种差异是合理的，因为该公司的增长潜力要低于该行业的平均值。如果分析师认为倍数之间的差异无法得到合理的解释，则该公司将被视为低估。

这种方法有两个方面的缺陷：第一，这种判断在很大程度上依赖于毫无根据的猜测，而这些猜测往往又反映了分析师对目标公司的偏见。第二，当需要在较大的样本中选择出被低估或高估的所有企业时，这可能要求分析师对每个公司都有比较深入的理解以形成主观判断，这意味着非常庞大的工作量，也更容易对某些公司产生偏见。

4.4.2.2　修正倍数法

修正倍数法直接将影响倍数的重要的基本面因素提取出来，纳入到原来的倍数中构建新的倍数，以控制来自该方面的差异。如果分析师认为每股净利润的预期增长率是导致一组可比公司间市盈率差异最大的因素，就把该因素直接纳入市盈率计算公式的分母以改造市盈率，构造新的市盈率相对盈利增长比率（PEG），然后用修改后的比率在可比公司间进行比较。

在使用修正倍数法时，我们实际上做出了两个隐含的假定。第一，除了倍数原来的分母和新纳入的因素外，其他因素在可比公司之间都是相似的。第二，倍数与新纳入分母的因素之间是线性关系。当我们构造 PEG 倍数时，我们实际上就在假定除了每股净利润和预期增长率外，其他基本面因素（如风险和股利支付率等）在所有可比公司之间的差异是微不足道的。另外，我们也在认为市盈率与预期增长率之间的关系是线性的，如果预期增长率加倍，市盈率也应当翻倍。但令人遗憾的是，前面的推导已经证明市盈率与预期增长率之间的关系并不是线性的。

正确运用修正倍数法的关键在于确定影响倍数的最重要的变量以及该变量与倍数之间的关系。Damodaran（2018）称这些变量为伴随变量，这里与他保持一致，也称这些变量为伴随变量。表 4-2 总结了各倍数的伴随变量及其与倍数之间的关系。我们结合 Bhojraj 和 Lee（2002）、Damodaran（2012，2018）等的研究识别伴随变量，即所有决定倍数的基本面变量在普通最小二乘回归方程中，每变化 1 单位对倍数影响最大的变量。我们发现除了预期增长率和风险，主要的倍数都与这些基本面的因素呈线性关系。这意味着，在风险和增长特征相似的情况下，多数倍数是可以通过修正合理抓捕公司间的差异的。不幸的是，在我们用得最多的修正倍数 PEG 中，市盈率与预期增长率之间的关系是非线性的。

表 4-2　各倍数的伴随变量及其与倍数之间的关系

倍数名称	伴随变量	与倍数之间的关系
市盈率：价格/每股利润	股利支付率	单调递增，线性
市净率：价格/每股账面价值	股利支付率 净资产收益率	单调递增，线性 单调递增，线性
市销率：价格/每股销售收入	股利支付率 净利润率	单调递增，线性 单调递增，线性
EV/EBITDA	再投资率 税后经营利润率	单调递减，线性 单调递增，线性
EV/投资资本	再投资率 投资资本收益率	单调递增，线性 单调递增，线性
EV/企业销售收入	再投资率 税后经营利润率	单调递增，线性 单调递增，线性

4.4.2.3　统计分析

当可比公司在多个变量上存在较大差异时，就很难通过修改倍数来消除企业之间的差异，这时我们可以进行统计分析。统计分析的基本原理是：将倍数作为因变量，用一系列的解释变量来抓取公司间的重要差异，用常数项（如果有的话）抓取公司间在倍数方面的相同之处，剩余的随机因素则放在残差项中。如果用一个公式来表达，那么可以写作：

$$倍数_i = F(X_i) + \varepsilon_i$$

其中，F(·) 表示总体回归函数；X 表示所有的解释变量，可以包含常数；ε 表示误差项。

在对数据清洗和整理完毕后，统计分析还包含以下几个步骤：第一，选择样本，即确定可比公司的范围。第二，对解释变量和因变量进行初步的描述性分析。第三，构建回归模型，并选择合适的方法估计模型。第四，预测目标公司的倍数，并用目标公司的实际倍数与其进行比较，如果实际倍数大于预测倍数，这可能意味着目标公司被高估；反之，则表明目标公司被低估。

相对于修正倍数法，统计分析具有很多优势。运用统计分析，我们可以同时考虑多个变量，甚至这些变量之间的交叉关系对倍数的影响。统计分析还有助于我们衡量倍数与所采用变量之间的关系有多强。如果倍数与基本面要素之间的关系是非线性的，可以设计非线性模型以体现这种关系。但是要成功运用统计分析，需要注意以下几个方面的问题。

第一，自变量的选择。如果我们采用普通最小二乘法，那么从正确建模的角度，自变量选择的基本逻辑是将所有影响倍数的重要因素从误差项中提取出来，误差项中保留不重要的事项或者与解释变量正交的其余所有因素，常数项则提取的是与可比公司相同的因素。因此，自变量的选择与选取的可比公司和数据在时间序列上的频度存在紧密联系。在低频数据中，比如年度数据，因变量更多地体现内在价值的倍数，可以只选择基本面因素作为解释变量。在频率较高的数据中，比如月度数据，我们不能排除因变量中包含的非基本面因素的影响，因此，最好在解释变量中也包含价格驱动因素。如果必须采用频率较高的数据，我们可以考虑将可比公司压缩在具有相似价格驱动因素的范围。实际上，对于一个细分行业的公司，价格驱动因素及价格波动方式往往高度相似，这通常被称为行业轮动。因此，我们可以引入一个常数来抓捕非基本面的驱动因素。但是如果我们完全将样本局限在细分的行业又可能产生样本量不足的问题，当样本容量不足时，离群值的影响会很大，导致估计的参数方差较大，预测效果欠佳。一个合理的解决办法是，选择较多的可比公司，仅针对具有相似的非基本面驱动因素的行业设置行业哑变量。这样不仅能抓捕行业轮动因素，也能避免产生样本不足的问题。

第二，倍数的分布。已经有大量的经验研究表明，不论是在行业层面，还是在整个市场，倍数通常都不是正态分布的。如果样本容量并不充分，尤其是在进行行业回归时，我们难以采用普通最小二乘法来估计模型。但目前在学界和业界，大多数人都采用该方法。另外，运用普通最小二乘法预测的结果是倍数的均值，因而不能全面了解倍数的分布形态。因此，我们建议采用分位数回归方法来估计模型。但遗憾的是，到目前为止，不论是在学界还是在业界分位数回归方法都还没有普及开来。

第三，采用线性回归，还是非线性回归。由前面的分析我们已经看到，几乎所有的倍数与预期增长率和风险之间的关系都是非线性的，而与股利支付率、净资产收益率、净利润率、税后销售利润率以及再投资率等基本面因素线性相关。这意味着，我们在建立模型时最好采用非线性的形式。

📖 4.4.3　相对估值的实证研究

前面的分析基本上阐明了两个重要的观点：第一个观点是只有当可比公司选择与差异控制相互匹配时才能运用相对估值法正确评估目标资产的价值。这个观点看起来比较简单，但是要精确地将其运用于实践却比较复杂。主要原因是，资产的内在价值是无法观测的，我们只能使用市场价格来计算相对估值倍数。但是市场价格，本身又包含了基本面的因素和非基本面因素。这意味着，正确运用相对估值法的首要条件是识别市场价格的主要成分，然后才能寻找合适的控制差异的方法和变量。第二个观点是我们选择的可比公司的范围越大，需要控制的差异越多。

我们在第1章已经提到，在不同的时间尺度上，股票价格的驱动因素也不一样。通常说来，在极短期，比如以秒、分钟或者小时计，股票价格的波动主要受到订单执行的动态和高频交易者的行为驱动。在短期，比如以分钟、小时、天或者周计，股票价格的波动主要受到新闻周期（如财经新闻、产品发行、合同签订、案件诉讼以及政策发布等）的驱动。在更长的时间尺度，比如以月、季、年或者企业生命周期计，股票价格的波动主要受到企业经营管理和财务报告信息（如利润、营业收入、资产、股利以及负债等）的驱动。这个观点在学界已经得到较多专业研究的证明，虽然这个观点主要考察的是股价在不同频度上的波动性，但是这起码意味着依据不同的时间周期来识别股价的主要成分是完全没有理由的。为了保险起见，我们可以建立一个相对稳健的逻辑：时间周期越长，基本面因素成分在股价中的比重越大；反之，时间周期越短，非基本面因素成分的比重越大。这意味着，如果采用较长时间周期的数据进行相对估值，控制的差异可以适当减少；如果采用较短时间周期的数据，则需要控制更多的差异。

　　事实上这个逻辑已经得到了较多的相对估值领域的文献的验证。我们仅以几篇经典的文献做说明。Bhojraj 和 Lee（2002）运用年度数据估计 EV/企业销售收入倍数和市销率，仅控制了经行业调整的营业利润率、经行业调整的预期增长率、杠杆率、净营运资产报酬率、权益资本报酬率和研发费用占销售额的比率这几个方面的差异，就取得了良好的估计结果。Rhodes-Kropf 等（2005）采用年度数据基于市净率估计由可比公司隐含的公允价格时，采用了更少的控制变量，仅包含了权益账面价值、净利润、杠杆率和行业哑变量。Cooper 和 Cordeiro（2008）在运用年度数据时，发现使用 10 个密切可比的公司的平均准确度与使用行业中公司的整个横截面一样准确。但是当采用较短周期的数据时，比如月度数据，Bartram 和 Grinblatt（2018）采用了 28 个基本面因素作为控制变量才取得令人满意的结果，Geertsema 和 Lu（2020）控制了更多的变量，而且这两项研究都控制了行业差异。

　　综上，我们基本可以得出一个经验法则：如果采用周期较长的数据，可以将更多的公司作为可比公司，也可以适当减少控制变量的个数；如果采用周期较短的数据，那么可比公司的范围最好压缩在同行业，且需要控制更多的差异。

本章小结

　　本章系统地介绍了相对估值方法，包含相对估值模型的基本原理、常见的估值倍数及其基本面决定因素，并探讨了如何选择可比公司和控制可比公司间的差异。

　　相对估值法的基本原理是根据相似资产的交易价格来对资产进行定价。相对估值模型有两个基本的核心假定，即一价法则和市场整体有效。运用相对估值模型评估资产价值时，需要遵循一致性、可比性和合理控制差异三个基本的原则。

我们详细介绍了四类常见的估值倍数，即收益倍数、账面价值倍数、收入倍数以及行业特定倍数。计算每一种倍数都必须小心谨慎，要明确界定倍数的定义，要确保倍数的一致性。不同的倍数各自具备不同的特征和优劣势，分别具有自身适合的估值范围。

估值倍数受到许多基本面因素的影响，通过对各种倍数的分解可以发现，内在价值评估模型是一致的，都主要受到未来现金流、增长率以及风险的影响。各倍数具体的基本面决定因素不一样，而且它们与估值倍数之间的关系都是非线性的。如果脱离这些基本面因素，估值倍数本身并不能表明资产价格是否便宜。

正确运用相对估值模型，必须选择合理的可比公司范围和恰当地控制它们之间的差异。主要的差异控制方法有三类，即主观调整法、修正倍数法以及统计分析法。统计分析法是最科学的方法，但是选择解释变量必须谨慎，在不同时间尺度上解释变量的选择有所不同。一般地，在较长的时间周期，可以仅选择估值倍数的基本面决定因素构建精炼的回归模型；但是如果时间周期较短，模型必须控制足够多的因素，甚至需要控制一些非基本面的市场因素。因为在短期中，这些因素是股票价格的重要组成部分。

5

资本成本估计

资本成本是公司金融中的一个重要概念。从资金需求方的角度，资本成本是吸引特定投资所需的预期回报率；从资金供给方的角度，资本成本是机会成本，等于具有相似风险的其他投资方案的预期回报。资本成本是价值评估模型中的重要输入变量，在内在价值评估模型中，它作为贴现率将未来产生的现金流折现到估值时点，在相对价值评估模型中，它可以作为风险的衡量指标，用于选择可比公司。

资本市场理论的一个基本共识是，预期收益率是风险的函数，因而投资面临的各类风险常常是估计资本成本的出发点。在数据和可比公司都比较丰富的成熟市场，准确估计资本成本需要高度的专业知识。在新兴市场，由于缺乏可靠数据，存在潜在的金融、经济和政治风险，估计资本成本更是面临严峻的挑战。

学术界对资本成本的估计很多，学者们采用的方法和估计结果各异，难以在价值评估实务中得到广泛应用。一个方法要在实务中得到广泛应用，至少需要满足数据兼容性广、简单易操作以及具备统一性三个原则。目前运用较广泛的，在国内主要有注册估值分析师（Chartered Valuation Analyst，CVA）协会和西南财经大学投资估值研究中心（以下统称 CVA 协会）从 2015 年开始每年发布的《中国企业资本成本参数估计表》。在国外，道衡（Duff & Phelps）公司每年发布的国际估值手册涵盖了近 200 个国家的企业。晨星/爱普森（Morningstar/Ibbotson）公司以前也发布国际资本成本年报，但从 2014 年开始不再提供。

此外，一些著名的估值专家，如 Aswath Damodaran 等，也会定期发布并更新他们的研究结果。

本章从中国的案例出发，旨在为价值评估实务人员提供一个相对清晰的全球视野的资本成本估计解决方案。随着中国经济在世界的地位越来越重要，美国明晟公司（著名的指数编制公司，简称 MSCI）将中国纳入新兴市场指数并不断扩大份额，道衡公司发布的国际估值手册近年也开始覆盖中国企业。鉴于中国市场的特殊性，以及一些研究发现其具有显著的规模效应（于阳、李怀祖，2005；朱红兵等，2019；崔劲等，2020），我们主要参考 CVA 协会的研究讨论中国企业的资本成本估计。道衡公司发布的国际估值手册系列报告付费才能查看，而 Aswath Damodaran 长期在其个人网站发布免费的估值报告，但两者采用的方法相似。为了方便大多数读者，我们同时基于 Damodaran（2020a，2020b）和道衡公司的研究讨论国际企业的资本成本估计。

本章安排如下：5.1 简要介绍资本成本的特征以及估计框架；5.2 基于 CVA 协会提供的 2020 年版的《中国企业资本成本参数估计表》，介绍中国企业权益资本成本的计算；5.3 基于 Damodaran（2020a，2020b）以及道衡公司的系列研究，讨论国际企业权益资本成本估计；5.4 简要介绍债务资本成本的估计方法；5.5 进一步讨论资本成本估计中可能存在的一些问题；最后是本章小结。

5.1 资本成本的特征与估计框架

资本成本的重要价值是用于价值评估。价值评估的方法有很多，我们将其划分为两类，即相对价值评估法和内在价值评估法。内在价值评估法试图将企业未来产生的现金流折现到估值时点，计算企业的真实"价值"。资本成本作为折现率，是其中的一个重要输入变量。在相对价值评估法中，我们试图利用可比公司的价格来确定资产的交易价格，资本成本可以作为公司风险代理变量，用来选择可比公司。

📖 5.1.1 资本成本的主要特征

资本成本实际上是一个被滥用的概念。其含义的每一个维度，对应不同的特征。

首先，资本成本具有预期性质。在价值评估中，资本成本是一个预期性的概念，它是将投资者预期资产未来能够产生的收入贴现到估值时点的折现率。这意味着资本成本也是投资者所要求的未来必要的回报率。

其次，资本成本具有投资属性。权益资本成本是边际投资者投资企业股权时所要求的收益率，资本成本是投资的一个特征，而不是单个投资者的特征。换句话说，一个投资者的风格并不会直接改变其正在分析的投资的特征。换言之，资本成本的估计不在于单个投资者想要获得何种水平的回报率，而在于投资项目风险特征所决定的市场必要回报率。具体地，资本成本来自于市场，市场由大量投资者对特定资产的风险定价组成，所以它代表了这群参与特定市场投资的投资者所达成的共识。"市场"代表了广大理性参与一项投资的投资者。

再次，资本成本具有市场属性。资本成本通过市场数据估计得来，这意味着考虑非上市公司时需要加上一个流动性溢价。对于上市公司也要考虑到不同流动性特征引起的差异。

最后，资本成本并非一成不变。评估一项投资，我们是在估计伴随这项投资的期望未来经济收益或者收益的现值。正如所有估值一样，资本成本也应该反映未来的预期。理论上，当处理预期期间的多期情况时，不同时间段，未来现金流的风险状况也不同。所以，按理说任何投资的资本成本也是在不同期间内发生变化的。作为简化，研究人员通常估计一个单期的资本成本并且在预测中把它应用于每一个期间。

📖 5.1.2 资本成本的基本框架

任何资本成本都可以表示为无风险利率加上风险溢价的方式，因而资本成本估计的基本框架为：

$$资本成本 = 无风险利率 + 风险溢价$$

如果我们估计的是名义资本成本，那么需要采用名义无风险利率；如果估计的是实际资本成本，则采用实际无风险利率。我们在财报上看到的数字通常都是名义数字，我们估计的资本成本也应当是名义的，因此，我们通常采用的是名义无风险利率。

在资本市场理论中，风险的类别主要包含期限风险、市场风险、公司特质性风险、流动性风险和国家风险等。期限风险，是因投资到期日不同而承担的风险，到期日越长，所承担的不确定因素越多，风险也就越大。市场风险，在CAPM模型中也被称为系统性或不能被分散的风险，是特定投资相对整个市场收益率的波动。在国内，通常将上证综合指数或者其他综合市场指数作为市场整体来衡量。公司特质性风险，是指由不跟整体投资市场相关的因子导致的期望收益的不确定性。一些公司特质性风险可以被由市场定价的系统风险因子表示，如规模溢价和流动性溢价等。对于上市公司，规模溢价可能捕获了过多的风险因子，在考虑规模溢价时我们必须谨慎地捕捉风险因子并且避免重复考虑其他风险。流动性风险，是指在没有明显本金损失的情况下，可以容易地把一项投资转变为现金的能力。一项投资的流动性越差，它的风险就越大；反之亦然。流动性是非上市公司主要面临的风险，并且对终值有明显的影响。就整个世界来说，各个市场并非完全整合，在不同国家或地区市场风险可能不一样。特别地，许多新兴市场的市场权益风险溢价明显高于成熟市场。很多研究者把这种现象归因于由国家特定的政治、经济、法律以及金融等条件引起的国家风险。

📖 5.1.3 加权资本成本

公司通常通过以下方式筹集资金：发行普通股，发行优先股，发行债券。一个资本结构可以包含以上三种方式的组合，每一种方式也都有它们各自的成本。这三种成本的加权平均值通常被称为加权平均资本成本（Weighted Average Capital Cost，WACC），它可以用来直观地描述一个企业资本成本的高低。

在讨论 WACC 之前，我们先简单描述优先股资本成本。如果考虑优先股发行的筹资费用，那么优先股的资本成本可以表示为：

$$R_{pe} = \frac{D_{pe}}{P_{pe,0} \times (1 - F_{pe})}$$

其中，R_{pe} 表示优先股成本，D_{pe} 是优先股的固定股利，$P_{pe,0}$ 表示优先股的当前每股价格，F_{pe} 表示优先股的每股筹资费率。

如果用于描述资本成本的高低，WACC 的计算公式可以表示为：

$$WACC_t = \sum_{i=1}^{n} w_{i,t} \times R_{i,t}$$

其中，$w_{i,t}$ 表示第 i 类资本所占的份额，$R_{i,t}$ 表示第 i 类资本的成本。在理论上，债务资本、权益资本或者其他组成部分的相对权重都是基于市场价值确定的，而不是账面价值。然而在实际中，为了简化分析，多数人倾向于假定资产负债表里债务资本的账面现行价值是它的市场价值的可信代表指标。尽管这种方法在实践中广泛使用，但当账面价值明显偏离市场价值时，这么做会扭曲资本成本的计算。

需要强调的是，从资金需求方的角度，WACC 可以看作是一种资本成本的衡量方式，但是从资金供给方（投资者）的角度，在价值评估的时候，我们难以将其视为一种加权资本成本。具体我们将在 5.5 中阐述。

5.2 国内企业权益资本成本

这里我们基于 2020 年版的《中国企业资本成本参数估计表》介绍 CVA 协会对国内上市公司权益资本成本的估计。[①] 在综合比较很多方法的结果后，CVA 协会选择了最适合评估国内企业权益资本成本的方法。CVA 协会的做法与道衡

① CVA 协会是一个全球性及非营利性的专业机构，总部设于香港，致力于建立全球金融投资及并购估值的行业标准。这里特别感谢他们的卓越贡献，并赞赏他们乐于分享的精神，相关资料仅需要提供一些简单的使用者信息就可以从以下网站下载：http://www.cvainstitute.org/cms/publish/corner/id/67.html。

公司和 Damodaran（2020a，2020b）的研究主要有两个方面的区别：第一，CVA 协会采用一种内含报酬率的方法估计权益风险溢价（Equity Risk Premium，ERP），而道衡公司和 Damodaran（2020a，2020b）主要采用历史平均数据计算 ERP；第二，CVA 协会认为中国上市公司广泛存在并且估算了规模溢价，而道衡公司认为仅在部分国家或地区存在规模溢价。

📖 5.2.1　主要模型与数据来源

CVA 协会考虑了国内上市公司的规模溢价，主要采用调整的 CAPM 模型进行权益资本成本的估计。其公式可以表示为：

$$E(R_e^i) = R_f + \beta^i \times ERP + RP_{size}^i$$

其中，$E(R_e^i)$ 表示证券 i 的期望报酬率，R_f 表示无风险利率，β^i 表示证券 i 的贝塔，ERP 表示市场风险溢价，RP_{size}^i 表示证券 i 的规模溢价。

CVA 协会采用的数据涵盖了 1996～2019 年所有沪深 A 股市场的上市公司，但剔除了金融类公司。个股数据主要来自 CSMAR 数据库，具体包含上市公司的资产负债表、利润表、现金流量表数据、每股股利数据、总股数数据、月个股交易数据以及股票价格等。无风险利率数据来自中国债券信息网和 CEIC 数据库。

📖 5.2.2　数据处理与估计过程

5.2.2.1　无风险利率

无风险利率指投资于无风险资产的期望报酬率。这里的无风险指既不包含违约风险，也不具有再投资风险。最理想的无风险利率是期限结构与无风险投资完全吻合的无息政府债券报酬率。综合考虑无风险要求、数据可获得性和通货膨胀风险等因素，CVA 协会推荐尽可能采用 10 年期国债收益率，当该变量不可得时采用 1 年期银行定期存款利率，作为无风险利率的代理变量。

5.2.2.2 贝塔

贝塔衡量的是上市公司股票收益率相对于权益风险溢价变化的敏感性。CVA 协会采用历史数据普通最小二乘法（Ordinary Least Square，OLS）回归估计贝塔。他们基于 1997 年 1 月至 2019 年 12 月的数据，用沪深两市 A 股指数作为市场收益率的代理变量，进行 60 个月滚动窗口回归，得到 2001 年 12 月至 2019 年 12 月上市公司的贝塔估计值。具体回归方程如下：

$$R_e^i - R_f = \alpha^i + \beta^i (R_m - R_f) + u^i$$

其中，R_e^i 表示上市公司股票的历史收益率，R_f 表示无风险收益率，α^i 表示回归方程中的常数项，β^i 表示基于过去一段时间估计得到的贝塔系数，R_m 表示市场组合的历史收益率，u^i 表示回归方程中的残差项。

5.2.2.3 市场风险溢价

考虑到市场风险溢价的预测本质，为了避免资本市场短期波动对市场风险溢价的影响，在比较采用历史性方法、内含报酬率法和问卷调查法所得的结果后，CVA 协会建议采用统计模型估计内含报酬率法，获得 10 年期平均值作为市场风险溢价的基准参数。

在数据处理上，CVA 协会从上市公司的资产负债表中提取总资产、股利，从现金流量表中提取净利润和经营活动产生的现金流量净额等变量，保留资产负债表中所有者权益为正的样本，保留 A 股和创业板上市公司，剔除金融类公司和被特别处理过的样本（股票编号带 ST、ST* 的公司）。对除虚拟变量外的其他变量在 1% 和 99% 的分位数上进行缩尾处理，并删除缺失值。

首先，利用过去 6 年的数据，采用剩余收益（Residual Income，RI）模型进行盈利预测，具体模型如下：

$$\text{Earn}_{t+j}^i = \alpha_0 + \alpha_1 \text{Earn}_t^i + \alpha_2 \text{Neg}_t^i + \alpha_3 \text{Neg}_t^i \times \text{Earn}_t^i + \alpha_4 \text{BVE}_t^i + \alpha_5 \text{TAAC}_t^i + \mu_{t+j}^i$$

其中，Earn_t^i 为公司的收益；Neg_t^i 是一个虚拟变量，若公司收益为正，取 1，否则，取 0；BVE_t^i 表示权益账面价值；TAAC_t^i 表示基于现金流量表的总的应计项，用经营活动产生的现金流量净额作为其代理变量；μ_{t+j}^i 表示干扰项。

其次，依据毛新述等（2012）的建议，并考虑非正常收益短期增长率与长期增长率之间的差异，采用非正常盈余增长模型中的 MPEG 模型计算内含报酬率，表达式为：

$$Mark_t = \frac{E_t(Earn_{t+2}) - E_t(Earn_{t+1}) + R_{t,MPEG}E_t(Divid_{t+1})}{R_{t,MPEG}^2}$$

其中，$Mark_t$ 表示 t 年公司的市值；$Earn_t$ 表示 t 年公司的盈余；$R_{t,MPEG}$ 表示公司内含权益报酬率；$Divid_t$ 表示 t 年公司分发的股利，用前 6 年股利支付率的平均值作为其代理变量；$E_t(\cdot)$ 表示基于 t 年的预期。

最后，利用得到的内含报酬率减去无风险利率得到市场风险溢价。

5.2.2.4　规模溢价

一些研究认为，中国上市公司存在明显的规模溢价（于阳和李怀祖，2005；朱红兵等，2019；崔劲等，2020）。CVA 协会对 1996～2019 年上市公司数据按照年度总市值逐年滚动更新排序分组，采用等权重投资方法计算组内年度算术和几何平均收益率，验证了这一点，并测算了中国上市公司的规模溢价。

首先，按照流通市值排序，从大到小等比例地将上市公司样本分成 10 组。考虑到小公司组内规模溢价分散，又将最小市值规模上市公司组合（组合 10）拆分成两个子样本，其中市值规模较大的部分对应组合 10a（其中规模较大的部分对应 10w，规模较小的部分对应 10x），市值规模较小的部分对应组合 10b（其中规模较大的部分对应 10y，规模较小的部分对应 10z）。为了提供稳健性检验，还将组合 3 至组合 5 整体划分为中等规模组合（中型），组合 6 至组合 8 整体划分为小规模组合（小型），组合 9 和组合 10 划分为微小规模组合（微型）。

其次，基于 CAPM 模型估计不同规模水平上市公司组合的贝塔值和超额收益率。第一，选取无风险收益率。在 2015 年之前使用月度化后的 1 年期银行整存整取定期存款利率，之后使用月度化的 10 年期国债收益率，作为无风险收益率的代理变量。第二，估计市场组合收益率。选择 A 股市场流通市值加权的考虑现金红利再投资的综合月市场回报率作为市场组合收益率的代理变量。第三，估计贝塔。采用 60 个月的滚动回归方法得到每个分位数组合逐月的贝塔值，取算术平均后，再用 Vasicek 法调整获得修正的贝塔。

最后，用组合的实际超额收益率减去用 CAPM 模型估计的超额收益率，得到各分组的规模溢价。

📖 5.2.3 估计结果

CVA 协会发布的 2020 年版的《中国企业资本成本参数估计表》（见表 5-1）中呈现了用调整的 CAPM 法估计国内上市公司权益资本成本所需的大部分参数，包含无风险利率、权益风险溢价以及规模溢价。如果估计一家上市公司的权益资本成本还需要估计贝塔，则可以收集历史数据，采用 OLS 方法估计即可得到。

表 5-1 中国企业资本成本参数估计表

无风险利率（Riskless Rate）			
10 年期国债到期收益率			3.77%
权益风险溢价（Equity Risk Premium）			
内含（Implied）权益风险溢价			6.64%
历史平均			31.90%
分析师预测（每股股利）			5.27%
分析师预测（每股收益）			14.00%
规模溢价（Size Premium）			
组别	规模最小公司市值（亿元）	规模最大公司市值（亿元）	规模溢价
中型企业（组合 3~组合 5）	42.00	125.68	0.47%
小型企业（组合 6~组合 8）	20.30	41.98	4.03%
微型企业（组合 9 和组合 10）	2.69	20.28	9.93%
十分位数组合			
1（最高）	252.75	15853.20	0.81%
2	125.89	252.70	0.57%
3	78.17	125.68	−0.19%

续表

组别	规模最小公司市值（亿元）	规模最大公司市值（亿元）	规模溢价
4	55.43	78.07	1.23%
5	42.00	55.41	0.31%
6	33.13	41.98	1.83%
7	26.46	33.12	4.02%
8	20.30	26.44	6.18%
9	13.96	20.28	7.48%
10（最低）	2.69	13.96	12.26%
对第10组进行的进一步分解			
10a	10.01	13.96	8.90%
10w	11.89	13.96	7.82%
10x	10.01	11.86	9.95%
10b	2.69	9.95	15.64%
10y	8.24	9.95	9.12%
10z	2.69	8.19	22.14%

注：①10年期国债到期收益率为2019年12月31日的数据，最新数据可以查询中国债券信息网 http://yield.chinabond.com.cn/cbweb-mn/yield_main；②权益风险溢价是2010~2019年十年的平均值。

资料来源：CVA协会发布的2020年版的《中国企业资本成本参数估计表》。

为了便于与道衡公司和Damodaran（2020a，2020b）以及其他研究进行比较，我们将CVA协会分别用历史数据法、分析师调查法以及内含报酬率法估计的2007~2019年中国上市公司的权益风险溢价汇总在表5-2里。历史无风险收益率采用月度化的无风险利率算术平均值。股票市场历史平均收益率为依据沪深300指数日度回报率复利计算出年度回报率后，再取年度算术平均值。历史数据法计算的权益风险溢价等于股票市场历史平均收益率减去历史平均无风险收益率。分析师调查法分别列示了将每股股利和每股收益作为预期收益的估计结果，两者都采用了两阶段的股利折现模型。内含报酬率法的估计过程已经在前文做了详细描述。

表 5-2　2007~2019 年中国上市公司无风险利率及采用多种方法
估计的权益风险溢价（ERP）结果

年份	无风险利率	历史平均无风险收益率	股票市场历史平均收益率	权益风险溢价	分析师预测每股股利	分析师预测每股收益	内含报酬率
2007	4.14%	2.52%	56.53%	54.01%	4.99%	10.08%	4.94%
2008	2.25%	3.33%	91.53%	88.20%	4.00%	7.71%	6.66%
2009	2.25%	2.97%	52.16%	49.19%	3.09%	6.30%	5.84%
2010	2.75%	2.79%	61.07%	58.28%	4.52%	10.90%	4.57%
2011	3.50%	2.78%	48.81%	46.03%	7.12%	17.46%	5.67%
2012	3.00%	2.90%	38.26%	35.36%	5.30%	12.86%	7.51%
2013	3.00%	2.92%	34.42%	31.51%	5.78%	12.98%	8.84%
2014	2.75%	2.93%	29.75%	26.82%	4.22%	8.95%	4.63%
2015	2.84%	2.91%	31.94%	29.03%	5.92%	9.08%	6.28%
2016	3.04%	2.90%	29.54%	26.64%	5.91%	8.99%	5.66%
2017	3.89%	2.91%	26.14%	23.23%	5.59%	14.12%	7.87%
2018	3.22%	2.99%	25.81%	22.82%	4.17%	23.20%	6.57%
2019	3.17%	3.01%	22.27%	19.26%	4.17%	21.42%	8.77%
平均值	3.06%	2.91%	42.17%	39.26%	4.98%	12.62%	6.45%
标准差	0.55%	0.18%	19.49%	19.45%	1.08%	5.23%	1.44%

资料来源：CVA 协会发布的 2020 年版的《中国企业资本成本参数估计表》的参数手册说明。

(5.3) 国际企业权益资本成本

随着投资和公司经营的全球化，我们面临着与全球化相关的风险估计问题。当苹果公司享有来自拉丁美洲的超额利润时，它必然面临构成这些市场特征的政治和经济动荡。如果我们投资于新兴国家或地区，可能获得更高的回报，但同时也面临着额外的国家风险。本部分基于 Damodaran 的研究，并结合道衡公司的系列报告，讨论如何将这些风险反映到资本成本中。

📖 5.3.1 国家风险的定义

我们投资于某些国家时，出于以下原因，可能会面临额外的风险。第一，国家所处的生命周期阶段。一般来说，年轻国家应对风险的能力更弱。在其他条件相似时，金融危机和 COVID-19 对年轻国家的影响更大。第二，政治制度。不同的政治制度将会导致不同的风险类型和水平。民主国家容易面临程度较轻但更持久的风险，威权制度更加重视政府稳定，却容易产生非连续性的风险和腐败（对于国际投资者而言，腐败相当于额外的税收成本）。第三，法律制度。法律制度对财产权的尊重程度以及执行这些权利的效率都会影响投资风险。如果一个政体的法律制度在某一方面或两方面都失败，这不仅直接影响该法律制度之下的企业经营，也不利于将这些行为纳入预期的潜在投资者。第四，经济结构。如果一个经济体的产业结构单一，过度依赖于某些行业或大宗商品，那么受到相关冲击时国家风险将会更高。比如，石油价格冲击对中东国家和俄罗斯经济带来的负面影响更大。

虽然相对几十年前全球化已经取得明显的进步，但是对于投资组合来说，国家风险仍然难以被分散。一方面，由于自身偏好、法律限制或者物理隔离等，投资者很多时候倾向于投资局部地区的企业和股票。另一方面，随着投资和公司经营的全球化，市场之间的相关性日趋上升，尤其是在经历极端事件或经济下行阶段时，这种相关性更加显著（Ball and Torous，2000；Longin and Solnik，2001；Yang et al.，2006；Grabowski et al.，2015）。所以在国际投资中，我们需要额外考虑来自特定国家的风险。

📖 5.3.2 国家风险的度量

国家风险的维度很多，度量它的方式也很多，比较常见的如政治风险指数、全球清廉指数以及全球和平指数等。但是对于投资者来说，用得更多，也比较直接的度量方式主要包含主权债务评级和国家权益风险溢价。前者在学界和实务界都比较成熟，如果打算投资一国主权债务或债券，我们常常采用它来度量国家风险。下面主要讨论国家权益风险溢价的度量。

5.3.2.1 国家风险纳入权益资本成本的度量方式

将国家风险纳入权益资本成本主要有三种度量方式：

（1）使用每个市场的历史数据来估算该市场的股票风险溢价。但这种方法在大多数新兴市场中具有较严重的统计和结构问题。

（2）在每个市场都有效的假定下，将股票当前价格作为其内在价值，来估计隐含的权益风险溢价，但对于大多数新兴市场来说，市场有效的假设难以令人信服。

（3）选择一个成熟市场（如美国）的权益风险溢价作为基准，然后为风险较高的市场估计额外的国家权益风险溢价。这种方法的可行性较高，而且估计结果也比较稳定，因此，Damodaran 和道衡公司在多数情况下都推荐采用此方法。

5.3.2.2 国家权益风险溢价的度量方法

国家权益风险溢价有三种常见的度量方法：

（1）信用违约利差法。它直接将相对于基准国家的主权债务信用违约利差作为一个国家权益风险溢价的代理变量，这种方法比较简便，但到目前为止尚未得到广泛的经验证据支持。

（2）相对股票市场标准偏差法。一些研究认为，市场的权益风险溢价应反映以市场波动性衡量的权益风险差异，权益风险的常规度量是股价标准差，因此，可以用一个市场的股价标准差与基准市场股价标准差的比值，来度量相对风险。如果进一步假定，权益风险溢价与股票市场标准差之间存在线性关系，那么可以基于基准市场的权益风险溢价计算出其他市场的权益风险溢价，具体表达式如下：

$$\mathrm{CRP}^{\mathrm{countryi}} = \mathrm{ERP}^{\mathrm{base}} \times \left(\frac{\sigma_{\mathrm{stock}}^{\mathrm{countryi}}}{\sigma_{\mathrm{stock}}^{\mathrm{base}}} - 1 \right)$$

其中，$CRP^{countryi}$ 表示国家 i 的国家权益风险溢价，ERP^{base} 表示基准国家的权益风险溢价，$\sigma_{stock}^{countryi}$ 和 σ_{stock}^{base} 分别表示国家 i 和基准国家的股票价格标准差。这种方法在直觉上颇具吸引力，但是股价标准差里面还包含了汇率和市场流动性等噪声。在其他条件相似的情况下，汇率低或者市场流动性较好的市场估价标准差明显偏大。比如由于缺乏流动性，哥斯达黎加和巴拿马的股价标准差低于标准普尔 500 指数的标准差，这可能导致这些国家的权益风险溢价低于美国的溢价。

（3）融合方法。为了避免上述方法存在的缺陷，试图对前两种方法进行融合，用一国主权债务信用违约利差乘以该国股票市场波动性与债券市场波动性的比值，具体表达式如下：

$$CRP^{countryi} = CDS^{countryi} \times \frac{\sigma_{Equity}^{countryi}}{\sigma_{Countrybond}^{countryi}}$$

其中，$CDS^{countryi}$ 表示国家 i 的主权债务信用违约利差。尽管这方法在很大程度上克服了前两种方法的缺陷，但要将其在全球推广开来，适用于大多数国家还有一定的距离。一方面，在不同国家或不同时间段，股价的标准差非常不稳定。另一方面，并非所有市场都具有交易活跃的政府债券。这两点导致特定国家或地区的股价和政府债券的标准差比率波动有时可能会很大，为了避免这些问题，Damodaran 建议在一定程度上牺牲特定市场的信息，采用新兴市场权益指数（如标准普尔 BMI 新兴市场权益指数）标准差和新兴市场政府债券指数（如美国银行美林新兴市场公共部门债券指数）标准差替换特定国家的股价指数标准差和政府债券的标准差，或者直接采用存在政府债券市场的所有新兴市场的股票指数标准差与政府债券标准差比值的均值替代。

表 5-3 列示了 Damodaran（2020b）估计的 2020 年 7 月 177 个国家或地区市场的违约利差、权益风险溢价和国家风险溢价。其采用融合方法，即前文第三种方法计算国家权益风险溢价；以美国为基准市场，依据 2020 年 7 月 1 日标准普尔 500 指数计算的内含报酬率为 5.23%，并计算各市场的主权债务违约利差。相对偏差采用 2020 年 1 月往前 260 个交易日存在政府债券交易市场的所有新兴市场股票市场指数标准差与政府债券价格指数标准差的均值 1.25，该值的具体

计算见 Damodaran（2020a）附录 5。

表 5-3　2020 年 7 月各国家或地区市场的违约利差、权益风险溢价和国家风险溢价

国家或地区	违约利差	权益风险溢价	国家风险溢价	国家或地区	违约利差	权益风险溢价	国家风险溢价
阿布扎比	0.58%	5.96%	0.73%	老挝	1.41%	6.99%	1.76%
阿尔巴尼亚	5.28%	11.84%	6.61%	拉脱维亚	1.41%	6.99%	1.76%
阿尔及利亚	14.08%	22.86%	17.63%	黎巴嫩	14.08%	22.86%	17.63%
安道尔	2.23%	8.03%	2.80%	利比里亚	14.08%	22.86%	17.63%
安哥拉	7.63%	14.79%	9.56%	利比亚	10.57%	18.46%	13.23%
阿根廷	14.08%	22.86%	17.63%	列支敦士登	0.00%	5.23%	0.00%
亚美尼亚	4.22%	10.52%	5.29%	立陶宛	1.41%	6.99%	1.76%
阿鲁巴岛	1.87%	7.58%	2.35%	卢森堡	0.00%	5.23%	0.00%
澳大利亚	0.00%	5.23%	0.00%	中国澳门	0.71%	6.12%	0.89%
奥地利	0.47%	5.81%	0.58%	马其顿	4.22%	10.52%	5.29%
阿塞拜疆	3.53%	9.64%	4.41%	马达加斯加	7.63%	14.79%	9.56%
巴哈马群岛	3.53%	9.64%	4.41%	马拉维	10.57%	18.46%	13.23%
巴林	6.46%	13.32%	8.09%	马来西亚	1.41%	6.99%	1.76%
孟加拉国	4.22%	10.52%	5.29%	马尔代夫	7.63%	14.79%	9.56%
巴巴多斯	8.80%	16.25%	11.02%	马里	7.63%	14.79%	9.56%
白俄罗斯	7.63%	14.79%	9.56%	马耳他	1.00%	6.48%	1.25%
比利时	0.71%	6.12%	0.89%	毛里求斯	1.87%	7.58%	2.35%
伯利兹	8.80%	16.25%	11.02%	墨西哥	1.87%	7.58%	2.35%
贝宁	6.46%	13.32%	8.09%	摩尔多瓦	7.63%	14.79%	9.56%
百慕大	1.00%	6.48%	1.25%	蒙古国	7.63%	14.79%	9.56%
玻利维亚	5.28%	11.84%	6.61%	黑山	5.28%	11.84%	6.61%
波黑	7.63%	14.79%	9.56%	蒙特塞拉特	2.58%	8.46%	3.23%
博茨瓦纳	1.00%	6.48%	1.25%	摩洛哥	2.93%	8.90%	3.67%
巴西	3.53%	9.64%	4.41%	莫桑比克	10.57%	18.46%	13.23%
文莱	1.00%	6.48%	1.25%	缅甸	7.63%	14.79%	9.56%
保加利亚	2.23%	8.03%	2.80%	纳米比亚	3.53%	9.64%	4.41%
布吉纳法索	6.46%	13.32%	8.09%	荷兰	0.00%	5.23%	0.00%
柬埔寨	6.46%	13.32%	8.09%	新西兰	0.00%	5.23%	0.00%
喀麦隆	6.46%	13.32%	8.09%	尼加拉瓜	7.63%	14.79%	9.56%
加拿大	0.00%	5.23%	0.00%	尼日尔	7.63%	14.79%	9.56%

国家或地区	违约利差	权益风险溢价	国家风险溢价	国家或地区	违约利差	权益风险溢价	国家风险溢价
佛得角	6.46%	13.32%	8.09%	尼日利亚	6.46%	13.32%	8.09%
开曼群岛	0.71%	6.12%	0.89%	挪威	0.00%	5.23%	0.00%
智利	0.83%	6.26%	1.03%	阿曼	4.22%	10.52%	5.29%
中国	0.83%	6.26%	1.03%	巴基斯坦	7.63%	14.79%	9.56%
哥伦比亚	2.23%	8.03%	2.80%	巴拿马	1.87%	7.58%	2.35%
刚果（金）	8.80%	16.25%	11.02%	巴布新几内亚	6.46%	13.32%	8.09%
刚果（布）	10.57%	18.46%	13.23%	巴拉圭	2.93%	8.90%	3.67%
库克群岛	5.28%	11.84%	6.61%	秘鲁	1.41%	6.99%	1.76%
哥斯达黎加	6.46%	13.32%	8.09%	菲律宾	2.23%	8.03%	2.80%
科特迪瓦	4.22%	10.52%	5.29%	波兰	1.00%	6.48%	1.25%
克罗地亚	3.53%	9.64%	4.41%	葡萄牙	2.58%	8.46%	3.23%
古巴	10.57%	18.46%	13.23%	卡塔尔	0.71%	6.12%	0.89%
库拉索岛	2.23%	8.03%	2.80%	哈伊马角	1.00%	6.48%	1.25%
塞浦路斯	3.53%	9.64%	4.41%	罗马尼亚	2.58%	8.46%	3.23%
捷克	0.71%	6.12%	0.89%	俄罗斯	2.58%	8.46%	3.23%
丹麦	0.00%	5.23%	0.00%	卢旺达	6.46%	13.32%	8.09%
多米尼加	4.22%	10.52%	5.29%	沙特阿拉伯	0.83%	6.26%	1.03%
厄瓜多尔	11.73%	19.92%	14.69%	塞内加尔	4.22%	10.52%	5.29%
埃及	6.46%	13.32%	8.09%	塞尔维亚	4.22%	10.52%	5.29%
萨尔瓦多	7.63%	14.79%	9.56%	沙迦	2.23%	8.03%	2.80%
爱沙尼亚	0.83%	6.26%	1.03%	塞拉利昂	10.57%	18.46%	13.23%
埃塞俄比亚	6.46%	13.32%	8.09%	新加坡	0.00%	5.23%	0.00%
斐济	4.22%	10.52%	5.29%	斯洛伐克	1.00%	6.48%	1.25%
芬兰	0.47%	5.81%	0.58%	斯洛文尼亚	1.87%	7.58%	2.35%
法国	0.58%	5.96%	0.73%	所罗门群岛	7.63%	14.79%	9.56%
加蓬	8.80%	16.25%	11.02%	索马里	14.08%	22.86%	17.63%
冈比亚	7.63%	14.79%	9.56%	南非	2.93%	8.90%	3.67%
格鲁吉亚	3.53%	9.64%	4.41%	西班牙	1.87%	7.58%	2.35%
德国	0.00%	5.23%	0.00%	斯里兰卡	6.46%	13.32%	8.09%
加纳	7.63%	14.79%	9.56%	圣马丁	2.58%	8.46%	3.23%

续表

国家或地区	违约利差	权益风险溢价	国家风险溢价	国家或地区	违约利差	权益风险溢价	国家风险溢价
希腊	5.28%	11.84%	6.61%	圣文森特	7.63%	14.79%	9.56%
危地马拉	2.93%	8.90%	3.67%	苏丹	17.50%	27.14%	21.91%
根西岛	0.71%	6.12%	0.89%	苏里南	7.63%	14.79%	9.56%
几内亚	14.08%	22.86%	17.63%	斯威士兰	6.46%	13.32%	8.09%
几内亚比绍	8.80%	16.25%	11.02%	瑞典	0.00%	5.23%	0.00%
圭亚那	6.46%	13.32%	8.09%	瑞士	0.00%	5.23%	0.00%
海地	14.08%	22.86%	17.63%	叙利亚	14.08%	22.86%	17.63%
洪都拉斯	5.28%	11.84%	6.61%	中国台湾	0.71%	6.12%	0.89%
中国香港	0.71%	6.12%	0.89%	塔吉克斯坦	7.63%	14.79%	9.56%
匈牙利	2.58%	8.46%	3.23%	坦桑尼亚	5.28%	11.84%	6.61%
冰岛	1.00%	6.48%	1.25%	泰国	1.87%	7.58%	2.35%
印度	2.58%	8.46%	3.23%	多哥共和国	7.63%	14.79%	9.56%
印度尼西亚	2.23%	8.03%	2.80%	特立尼达和多巴哥	2.93%	8.90%	3.67%
伊朗	10.57%	18.46%	13.23%	突尼斯	6.46%	13.32%	8.09%
伊拉克	8.80%	16.25%	11.02%	土耳其	5.28%	11.84%	6.61%
爱尔兰	1.00%	6.48%	1.25%	特克斯和凯科斯群岛	1.87%	7.58%	2.35%
马恩岛	0.58%	5.96%	0.73%	乌干达	6.46%	13.32%	8.09%
以色列	0.83%	6.26%	1.03%	乌克兰	7.63%	14.79%	9.56%
意大利	2.58%	8.46%	3.23%	阿拉伯联合酋长国	0.58%	5.96%	0.73%
牙买加	6.46%	13.32%	8.09%	英国	0.58%	5.96%	0.73%
日本	0.83%	6.26%	1.03%	美国	0.00%	5.23%	0.00%
泽西岛	0.71%	6.12%	0.89%	乌拉圭	2.23%	8.03%	2.80%
约旦	5.28%	11.84%	6.61%	乌兹别克斯坦	5.28%	11.84%	6.61%
哈萨克斯坦	2.58%	8.46%	3.23%	委内瑞拉	17.50%	27.14%	21.91%
肯尼亚	6.46%	13.32%	8.09%	越南	4.22%	10.52%	5.29%
韩国	0.58%	5.96%	0.73%	也门	17.50%	27.14%	21.91%
朝鲜	14.08%	22.86%	17.63%	赞比亚	14.08%	22.86%	17.63%
科威特	0.58%	5.96%	0.73%	津巴布韦	14.08%	22.86%	17.63%
吉尔吉斯斯坦	6.46%	13.32%	8.09%				

资料来源：Damodaran（2020b）附录7。

📖 5.3.3　将国家风险纳入权益资本成本

在陈述清楚如何度量国家权益风险溢价后，我们接着讨论在价值评估实务中如何将国家权益风险溢价纳入权益资本成本。

一个考虑国家权益风险溢价的标准模型是国家收益率差模型（Country Yield Spread Model）。基准模型的表达式如下：

$$R_e^{countryi} = R_{f,\ base} + \beta_{base} ERP_{base} + CRP^{countryi}$$

其中，$R_e^{countryi}$ 表示国家 i 的权益资本成本，$R_{f,\ base}$ 表示基准国家的无风险利率，ERP_{base} 表示基准国家的市场风险溢价，β_{base} 表示基准国家与目标公司相同的行业的贝塔，$CRP^{countryi}$ 表示国家 i 的国家权益风险溢价。基准国家一般选取美国、德国等成熟市场，无风险利率一般采用相应期限无息政府债券利率。

如果我们要投资的公司的经营范围仅局限于一个市场，那么直接运用基准模型的公式就能得到目标公司的权益资本成本；但是如果我们的目标公司是微软、特斯拉或者亚马逊等这类在多个市场经营，同时面临多个国家市场风险的公司，那么我们需要对基准模型做出一定的调整。调整后的模型表达为：

$$R_e^{countryi} = R_{f,\ base} + \beta_{base} ERP_{base} + \sum_i^n w_i CRP_{countryi}$$

其中，w_i 表示风险来源权重，满足 $\sum_i^n w_i = 1$，权重选择的主要依据是，风险主要来自于何处。如果是一家服务与消费品企业，那么可以用营业收入占比作为权重；如果风险来自产品的生产地，那么最好选用不同产地的产品产量占比或原材料储量占比作为权重。比如对于石油公司或者矿产公司，我们采用各原产国资源储量占比作为风险来源权重可能更加合适。

这个方法比较便捷，但在逻辑上不具备一致性。我们假定一个公司同时在很多市场经营，那么一个市场的国家权益风险溢价就与其他市场相关，或者说国家权益风险溢价本身具有相互交叉的特征。在理论上，一个较好的解决办法是，采用体现出这种交叉性质的风险来源比重，比如，一个跨国消费品公司 A 在柬埔寨的营业额占该公司总收益的比重为 5%，而在柬埔寨注册的所有公司来自于本地市场的收益占各自公司总收益比重的平均值为85%，计算 A 公司权益成本时，柬埔寨国家权益风险的份额就应该为5%除以85%，约等于5.9%。但是随着公司获得收入的来源国家数量的增加，这种理论上完美的方法变得越来越不适用，因为我们必须认真计算每个市场的相对权重。因此，这种方法更加适合于收入只来自一到两个新兴市场的公司。

我们一般建议将美国作为基准市场计算国际企业的权益资本成本。表 5-4 提供了 Damodaran 用内含报酬率、历史数据以及分析师调查法估计的 1961~2019 年美国基准市场的权益风险溢价。

表 5-4   1961~2019 年美国市场年末权益风险溢价（内含报酬率法）

年份	标准普尔500 指数	净利润	股利	无风险利率	估计的增长率	内含的权益风险溢价
1961	71.55	3.37	2.04	2.35%	2.41%	2.92%
1962	63.1	3.67	2.15	3.85%	4.05%	3.56%
1963	75.02	4.13	2.35	4.14%	4.96%	3.38%
1964	84.75	4.76	2.58	4.21%	5.13%	3.31%
1965	92.43	5.3	2.83	4.65%	5.46%	3.32%
1966	80.33	5.41	2.88	4.64%	4.19%	3.68%
1967	96.47	5.46	2.98	5.70%	5.25%	3.20%
1968	103.86	5.72	3.04	6.16%	5.32%	3.00%
1969	92.06	6.1	3.24	7.88%	7.55%	3.74%
1970	92.15	5.51	3.19	6.50%	4.78%	3.41%
1971	102.09	5.57	3.16	5.89%	4.57%	3.09%
1972	118.05	6.17	3.19	6.41%	5.21%	2.72%
1973	97.55	7.96	3.61	6.90%	8.30%	4.30%
1974	68.56	9.35	3.72	7.40%	6.42%	5.59%
1975	90.19	7.71	3.73	7.76%	5.99%	4.13%
1976	107.46	9.75	4.22	6.81%	8.19%	4.55%
1977	95.1	10.87	4.86	7.78%	9.52%	5.92%
1978	96.11	11.64	5.18	9.15%	8.48%	5.72%
1979	107.94	14.55	5.97	10.33%	11.70%	6.45%
1980	135.76	14.99	6.44	12.43%	11.01%	5.03%

续表

年份	标准普尔500指数	净利润	股利	无风险利率	估计的增长率	内含的权益风险溢价
1981	122.55	15.18	6.83	13.98%	11.42%	5.73%
1982	140.64	13.82	6.93	10.47%	7.96%	4.90%
1983	164.93	13.29	7.12	11.80%	9.09%	4.31%
1984	167.24	16.84	7.83	11.51%	11.02%	5.11%
1985	211.28	15.68	8.2	8.99%	6.75%	3.84%
1986	242.17	14.43	8.19	7.22%	6.96%	3.58%
1987	247.08	16.04	9.17	8.86%	8.58%	3.99%
1988	277.72	24.12	10.22	9.14%	7.67%	3.77%
1989	353.4	24.32	11.73	7.93%	7.46%	3.51%
1990	330.22	22.65	12.35	8.07%	7.19%	3.89%
1991	417.09	19.3	12.97	6.70%	7.81%	3.48%
1992	435.71	20.87	12.64	6.68%	9.83%	3.55%
1993	466.45	26.9	12.69	5.79%	8.00%	3.17%
1994	459.27	31.75	13.36	7.82%	7.17%	3.55%
1995	615.93	37.7	14.17	5.57%	6.50%	3.29%
1996	740.74	40.63	14.89	6.41%	7.92%	3.20%
1997	970.43	44.09	15.52	5.74%	8.00%	2.73%
1998	1229.23	44.27	16.2	4.65%	7.20%	2.26%
1999	1469.25	51.68	16.71	6.44%	12.50%	2.05%
2000	1320.28	56.13	16.27	5.11%	12.00%	2.87%
2001	1148.09	38.85	15.74	5.05%	10.30%	3.62%
2002	879.82	46.04	16.08	3.81%	8.00%	4.10%
2003	1111.91	54.69	17.88	4.25%	11.00%	3.69%
2004	1211.92	67.68	19.407	4.22%	8.50%	3.65%
2005	1248.29	76.45	22.38	4.39%	8.00%	4.08%
2006	1418.3	87.72	25.05	4.70%	12.50%	4.16%
2007	1468.36	82.54	27.73	4.02%	5.00%	4.37%
2008	903.25	65.39	28.05	2.21%	4.00%	6.43%
2009	1115.1	59.65	22.31	3.84%	7.20%	4.36%
2010	1257.64	83.66	23.12	3.29%	6.95%	5.20%
2011	1257.6	97.05	26.02	1.87%	7.18%	6.01%

续表

年份	标准普尔500 指数	净利润	股利	无风险利率	估计的增长率	内含的权益风险溢价
2012	1426.19	102.47	30.44	1.76%	5.27%	5.78%
2013	1848.36	107.45	36.28	3.04%	4.28%	4.96%
2014	2058.9	114.74	38.57	2.17%	5.58%	5.78%
2015	2043.9	106.32	43.16	2.27%	5.51%	6.12%
2016	2238.83	108.86	45.03	2.45%	5.54%	5.69%
2017	2673.61	124.94	49.73	2.41%	7.05%	5.08%
2018	2506.85	148.34	53.61	2.68%	4.12%	5.96%
2019	3230.78	162.35	58.8	1.92%	3.96%	5.20%

注：①标普 500 指数的净利润和股利计算以标普 500 指数为基准，数字是每年年初可获得的估计值，股利包含股票回购；②无风险利率为 10 年期国库券利率；③1980 年之前的增长率为历史增长率，1980 年及之后的增长率为分析师一致性预期的 5 年平均增长率；④计算采用了二阶段增长模型。

资料来源：Damodaran（2020a）附录 6。

5.4 债务资本成本

相对于权益成本来说，债务资本成本的估计要简单得多。估计债务成本的关键在于对企业违约概率的计算。一般地，对企业违约概率的估计主要依据评级机构的信用评级。

依据数据的可得性，以下是一个常用的估计税前债务成本的基本流程：第一，如果数据可得，直接采用标的公司发行的公开交易的相应期限债券的到期收益率作为债务成本；第二，如果公司没有公开发行债券，可以使用与标的公司具有相同信用等级的公司发行的公开交易债券的平均到期收益率；第三，如果前两者都不可得，公司具有权威机构的信用评级，可以利用无风险利率加上与公司评级对应的违约利差；第四，如果公司没有权威机构的评级，可以采用一些机构（如标普全球市场情报信用分析等）提供的长期信用评分；第五，如果既没有权威机构的信用评级，也没有信用评分，那么可以采用全球行业分类系统（Global Industry Classification Standard，GICS）划分的行业公司的平均信用评级作为企业的信用评级。

值得注意的是，由于税盾也产生收益，所以计算企业预期债务成本还需要考虑税率的影响。一般地，预期的税后债务成本可以根据以下公式进行计算：

$$E(R_d^i) = (R_f + CDS^i) \times (1 - \tau^i)$$

其中，$E(R_d^i)$ 表示企业 i 预期税后债务成本，R_f 表示无风险利率，CDS^i 表示企业 i 的信用违约利差，τ^i 表示企业的有效税率。

目前国际上权威的评级机构主要有标准普尔、穆迪投资者服务公司和惠誉国际信用评级公司。截至 2020 年，国内债券市场注册并实际营业的评级机构约 15 家，包含上海新世纪资信评估投资服务有限公司、中诚信国际信用评级有限责任公司、中诚信证券评估有限公司、联合资信评估有限公司、联合信用评级有限公司、大公国际资信评估有限公司、东方金诚国际信用评估有限公司、中证鹏元资信评估股份有限公司、上海远东资信评估有限公司、标普信用评级（中国）有限公司、中债资信评估责任有限公司、中证指数有限公司、上海资信有限公司、北京中北联信用评估有限公司、四川大普信用评级股份有限公司。其中，非投资者付费的机构有 10 家，投资者付费的机构有 5 家。在数量上，比美国国家认可的统计评级机构（Nationally Recognized Statistical Ratings Organizations，NRSROs）多 2/3。但从 2014 年公开市场首只债券发生违约以来，国内债券市场违约数量呈上升趋势，2018 年密集爆发，违约主体达到 45 个。国内评级机构的公信力饱受质疑，被人们普遍认为评级虚高，截至 2020 年 6 月，约 4600 个市场主体评级记录中超过 87% 的主体评级在 AA 级以上。因此，对于国内公司的信用评级原则上建议参照国外评级机构的评级。

⑤.5 一些进一步的问题

前面比较严肃地澄清了在价值评估实务中如何估计企业的资本成本，但考虑到本书介于实务与学术之间的定位，有必要讨论一些更深刻的问题。

📖 5.5.1 估计中运用的统计方法

到目前为止，几乎所有实务中运用到的统计估计方法都是普通最小二乘法（Ordinary Least Square，OLS）。对于非专业人士，OLS 方法是较常见，但也是较容易被滥用的。要想在最短的时间内理解并正确运用 OLS 方法，必须了解一个基本的定理，即高斯—马尔可夫定理。

一个多元线性回归模型，如果满足以下假定：

假定 1（线性于参数）：总体模型可以写为 $y = b_0 + b_1 x_1 + b_2 x_2 + \cdots + b_k x_k + u$，其中 y 为因变量，$x_1$，$x_2$，$\cdots$，$x_k$ 为自变量，b_0，b_1，$\cdots$，b_k 是我们关心的未知参数，u 是无法观测的随机误差项或者随机干扰；

假定 2（随机抽样）：我们有一个含 n 次观测的随机样本 $\{(x_{i1}, x_{i2}, \cdots, x_{ik}, y_i): i = 1, 2, \cdots, n\}$，它来自假定 1 的总体模型；

假定 3（不存在完全共线性）：在样本（因而在总体）中，没有一个自变量是常数，自变量之间也不存在严格的线性关系；

假定 4（条件均值为零）：给定自变量的任何值，误差 u 的期望为 0；

假定 5（同方差性）：给定任意解释变量值，误差 u 具有相同的方差。

那么，OLS 估计量是最优线性无偏估计量。

最优是指估计量的方差是所有线性估计量中最小的，而无偏是指估计量的均值等于其真实值。在资本成本估计中最容易违背的是假定 4 和假定 5。假定 4 的直接含义是随机误差项与解释变量正交，其经济学含义是模型包含了所有重要的解释变量，没有遗漏任何与自变量相关的重要因素。在直觉上，这与资本成本的定义是冲突的。资本成本仅仅试图提取与投资者面临风险相关的因素，而不考虑历史价格中是否还包含了与风险相关的其他因素。如果随机误差项中包含了其他与风险溢价相关的因素，那么 OLS 法的所有估计都是有偏的。假定 5 意味着没有异方差或者序列相关。而我们采用的时间序列变量，常常面临的最严重的问题就是序列相关和异方差。如果模型存在序列相关或者异方差问题，那么估计量的方差是有偏的。

📖 5.5.2 贝塔的估计与修正

尽管贝塔已经广泛应用于各领域，但在理论角度它仍然存在很多缺陷，比如它可能随时间推移而变化、参数估计时样本容量不足以及可能受到公司规模影响等。针对这些问题，主要有三种常见的调整方法：第一，基于均值回归的调整。组合贝塔系数的均值回归特征已经得到很多研究者的认同（Blume，1975；Brenner and Smidt，1977；Fabozzi and Francis，1978；马喜德、郑振龙，2006）。布鲁姆调整法（Blume Adjustment）是一种被普遍认可的均值回归调整方法。具体做法是对估计出公司或组合的贝塔赋予 2/3 的权重，对理论的市场贝塔 1 或者行业平均贝塔赋予 1/3 的权重，进行加权平均。第二，基于方差的调整。Vasicek Shrinkage 法是一种重要的标准误差调整方法，用方差作为权重进行加权平均。第三，基于滞后效应的调整。一些研究认为，小公司对市场的反应存在一个滞后效应。因此，在估计贝塔时，在解释变量中引入滞后期的风险溢价并估计滞后期的贝塔，然后加总当期和滞后期的值得到最终的贝塔值。

📖 5.5.3 折现现金流模型中的 WACC

大多数人都直接按照名称，认为 WACC 是一种成本。但在价值评估中，它不是一个成本，而是一个成本（债务和优先股成本）和要求回报率（股权要求回报率）的加权平均值（Fernandez，2010）。如果不考虑优先股，WACC 的严格定义是，在估值时点使公司价值现值等于按权益成本折现的权益现金流和按税后债务成本折现的债务现金流之和的折现率。在这个定义下，WACC 的表达式可以写为：

$$\text{WACC}_t = \frac{E_{t-1} \times R_{et} + D_{t-1} \times R_{dt} \times (1 - \tau_t)}{E_{t-1} + D_{t-1}}$$

其中，R_{et} 表示权益资本成本，R_{dt} 表示债务资本成本，τ_t 表示有效税率，E_{t-1} 和 D_{t-1} 既不是市场价值也不是账面价值，而分别是权益现金流和债权现金流折现到 t−1 期的价值。因此，严格来说，它本身并不代表资本成本，而是一个计算出来的参数。

本章小结

资本成本在价值评估和基本面量化投资模型中都起着重要作用，因为它衡量了投资者的期望报酬率。多数价值评估模型和量化模型的结果都对资本成本的变化高度敏感。但是在学界和业界人们很少去精确地估计资本成本，而是采用一些基准的数值，进行敏感性测试和情景模拟，最终得到结果的一个区间。这将大幅降低模型结果对决策的参考价值。

本章系统地介绍了资本成本的估计框架与方法，并提供了一些权威估计的结果，以便于读者直接使用。我们首先介绍了资本成本的基本特征，包含预期性、投资性、市场性和动态性，并介绍了资本成本的估计框架和加权资本成本的概念。其次，基于 CVA 协会（2020）的研究详细介绍了中国企业权益资本的估计方法，并呈现了它们的主要结果。同时，也基于 Damodaran（2020a，2020b）以及道衡公司的系列研究，系统地讨论了国际企业权益资本成本估计。国际企业资本成本的估计比局部市场企业资本估计要复杂，因为要考虑不同国家的国家风险及一些公司的跨国经营情况。再次，简要介绍了债务资本成本的估计。债务资本成本的估计主要依据企业的信用评级情况和违约概率进行。但就中国市场来说，评级市场的混乱导致债务资本成本的估计比较困难，因此，我们建议参考国际顶级评级公司的评级结果。最后，深入介绍了目前资本成本估计的一些技术上和概念上的问题。

6

基于相对估值的基本面量化投资模型

尽管目前绝大多数基本面量化投资模型都以相对估值理论为基础，但模型很少被正确构建和合理使用，难以实现基本面量化投资的要义，不能真正地选择出"物美价廉"的股票。其主要原因是，这些模型经常会陷入两类"价值困境"。为避免这两类"价值困境"，基于价值创造观和相对估值模型，本章系统地呈现了如何基于相对估值合理构建基本面量化模型。

我们构建的模型框架与目前学界主流的多因子模型的框架相同。为了让读者有一个相对清晰的思路，首先，在6.1中简要介绍主流多因子模型的基本框架。其次，在6.2中梳理目前基本面量化投资模型中的基本面因子以及依据基本面因子的选股流程，结合两个简单的例子，说明目前多因子模型遭遇的两类"价值困境"。针对第一类"价值陷阱"，6.3从价值创造观的视角提出一个价值创造因子的概念，并详细阐明了其构建与估计方法。针对第二类"价值陷阱"，分别在6.4和6.5中基于相对估值理论从静态和动态的角度提出了一类相对价格因子及其构建方法，并简要介绍了我们建议采用的估计流程与估计工具。6.6阐明了基于相对估值模型构建基本面量化投资模型的具体实施路径。最后，做出本章小结。

(6.1) 多因子模型的基本框架

典型的基本面量化投资是一个不断循环往复的过程，主要步骤如下：第一，构建收益率模型选择股票，并形成预期收益；第二，利用风险模型形成股票预期风险；第三，利用预期收益和预期风险进行投资组合优化，确定投资组合中个股的最优权重；第四，进行投资后的业绩评估和归因分析，并据此进一步调整收益率模型、风险模型和投资组合。其中，收益率模型是基本面量化投资的核心，也是获取超额收益的关键环节。

6.1.1 收益率模型

收益率模型的基本目的是选择股票以寻求超额收益，也常常被称为阿尔法模型。构建收益率模型的第一步是寻找并选择预测变量。预测变量可以来自企业的基本面信息（如财务报表等），也可以来自市场上的价格信号（如交易量和流动性等）。寻找预测变量需要遵循财务经济学、企业管理以及行为金融学的基本逻辑。数据的丰富和计算的廉价，使预测变量的挖掘越来越容易。从众多的候选变量中筛选出合适的变量是构建收益率模型的关键。业界已经形成了一套完善的筛选预测变量的标准：第一，要在财务经济或行为金融等角度具有合理的逻辑性；第二，对收益率的预测要具备持续性；第三，相对于已有变量，新的变量要能够带来预测收益率的增量信息；第四，要有一定的稳健性，变量预测功效不能过分依赖于参数设定；第五，还要具备可操作性，且广泛存在于不同类别的资产中。在符合这些标准的前提下，可以通过单变量回归、投资组合测试、多元回归以及时间序列回归等方法进一步筛选预测变量和验证它们的预测能力。

有了预测变量之后，接下来就是初步确定拟投资的股票池。首先，根据投资者的特定要求或者投资风格选择原始股票池。原始股票池可以是全部上市公司股票，也可以是某些板块的股票、指数成份股、特定行业的股票或者新上市公开发行的股票。其次，从原始股票池中剔除明显不符合要求的股票，比如低流动性股票、高风险股票和大概率跑输大盘的股票。进一步地，为了排除数据错误，让数据分布更加均匀，可以利用一些统计手段剔除异常值。常见的剔除方法包含缩尾法、n 倍标准差法和绝对中位差法。缩尾法，是对变量进行排序后将小于和大于一定分位数的指标值剔除。n 倍标准差法，是剔除落在预测变量均值若干个标准差以外的股票。业界一般采用三个标准差，但是这仍然会受到少量异常值的干扰。绝对中位差法和 n 倍标准差法相似，只是用绝对中位差替换了标准差，这种方法有利于缓解异常值的干扰。

确定拟投资的股票池后，就可以进行收益预测。收益预测一般有两种方法，即非参数预测和参数化预测。非参数预测对预测变量和收益率之间的具体关系不做过多假定，主要依赖于两者之间的单调性关系。非参数预测主要有条件选股和排序打分两种方法。条件选股法，是对每个变量设定一个筛选条件，选出满足所有条件的股票。该方法简单直接，但也具有很多局限性。比如，选股条件个数要适中，选择的股票数量不稳定，由于需要给每个预测变量设置筛选条件，这可能会导致过度拟合。排序打分法，是依据预测变量与预期收益正相关的原则，就每个变量分别对每只股票排序打分，得分高的股票预期收益率更高。按照每个变量对股票排序后，将所有变量上的得分加总得到股票的总得分，最后选择总分最高的股票进行投资。

收益预测的另一种方法是参数化预测。为了统一预测变量的量纲，对每个变量进行标准化处理，即用当期变量真实值与其在当期截面上均值的差再除以其在当期截面上的标准差。标准化后的预测变量，常常被称为该变量的 Z-score。得到每个变量的标准化得分后，一般有两种方式建立回归模型进行收益率预测。第一种，计算每只股票在所有变量上的得分之和（也就是股票的综合得分），并将其作为解释变量构建一元回归模型，来预测每只股票下一期的收益率。计算股票综合得分时，对每个变量的分值可以直接加和，也可以依据变量的预测能力、投资者的经验或者变量本身的波动性赋予其权重进行加权求和。当预测变量较多且从属于多个维度时，可以按照层级处理变量。先将每个维度的细分变量综合，得到该维度的 Z-score，然后将几个维度的 Z-score 汇总，得到最终的 Z-score。一元回归方法简单而且易于理解，但是忽略了预测变量之间的相关性。第二种，将所有标准化后的变量作为解释变量，建立多元回归方程，直接预测下一期的股票收益。多元回归方法不仅考虑了预测变量之间的关系，而且能够进一步提炼选择预测变量，使模型在统计学意义上具有内在一致性。

📖 6.1.2　风险模型

在任何投资中，超额收益都是相对于特定的风险水平而言的。风险模型是多因子模型的另一个重要模块。对于单一资产，可以采用收益率的标准差、半方差、下行风险、损失概率以及风险价值等度量其风险。而对于投资组合，一般采用方差—协方差矩阵来度量其风险。

在多因子模型中，我们通常将股票收益分解为一系列的因子收益和特殊收益，并试图用它们的波动来衡量投资组合的风险。具体做法是，构建一个多因子风险模型。值得注意的是，风险模型中采用的因子通常不必与收益率相同。为了简便，我们这里采用矩阵形式：

$$\mathbf{r} = \mathbf{Bf} + \mathbf{u} \tag{6-1}$$

其中，$\mathbf{r}$ 为 $n \times 1$ 的股票收益向量，$\mathbf{f}$ 为 $k \times 1$ 的因子向量，$\mathbf{B}$ 为 $n \times k$ 的因子暴露矩阵，$\mathbf{u}$ 为 $n \times 1$ 的特殊收益向量。此时，投资组合的方差—协方差矩阵可以表示为：

$$\mathbf{Q} = \mathrm{Var}(\mathbf{r}) = \mathrm{Var}(\mathbf{Bf} + \mathbf{u}) = \mathbf{B} \sum \mathbf{B}' + \Delta^2 \tag{6-2}$$

其中，$\sum$ 为 $k \times k$ 的因子收益方差—协方差矩阵，Δ^2 为 $n \times 1$ 的特殊收益方差矩阵。如果再给定投资组合中的股票权重向量为 $\mathbf{w}$，那么投资组合的风险 σ 可以表示为：

$$\sigma = \sqrt{\mathbf{w}' \left(\mathbf{B} \sum \mathbf{B}' + \Delta^2 \right) \mathbf{w}} \tag{6-3}$$

在实际估计投资组合风险时，有三种常见的因子模型：统计模型、宏观因子模型和基本面因子模型。统计模型通常利用主成分分析法提取影响股票收益的主成分作为因子。该方法的优势在于对样本内风险的解释效果较好，且对数据采集的需求较低，而其弊端主要是对于样本外风险的解释能力可能较差，而且因子缺乏经济学解释。宏观因子模型常常利用 GDP、利率、通胀率等影响股票价格的宏观经济指标作为因子。该方法的主要优势在于便于理解，但估计的稳定性和样本外表现可能较差。基本面因子模型与收益率预测模型相似，解释风险的基本面因子利用基本面信息获取当前时点的因子暴露度，并通过横截面回归来估计因子收益。其优势在于能够较好地识别和解释投资组合的风险，并且常常具有较好的样本外表现。基本面因子模型是主流的风险模型，在市场上应用较为广泛的 Barra 模型就是一种基本面因子模型。目前 Barra 模型已经更新到第六代。

📖 6.1.3 投资组合优化

通过收益率模型和风险模型分别估计除股票的预期收益率和预期风险后，就可以进行投资组合优化，确定最终的个股权重。优化基本原理是，兼顾投资组合的风险与收益，以得到风险调整后的最优业绩。常见的投资组合优化目标函数有很多，比如在给定方差的条件下最大化投资组合的预期收益（均值—方差优化）、最小化投资组合的方差、最大化股票线性加权波动率与投资组合波动率之比（最大多样化）以及风险平价等。

在优化过程中需要注意两个方面的问题：第一个是模型错位问题，即收益率模型中的预测变量与风险模型中的变量不完全匹配的现象。模型错位可能导致部分收益率的风险估计是有偏的，从而影响最优化的结果，其解决方法主要包含两类：一是调整风险模型，比如在风险模型中剔除与收益率模型重合或相近的因子；二是改进投资组合的优化过程，比如在最大化收益率时对目标函数施加额外的惩罚。第二个是约束条件问题。在进行投资组合优化时，我们通常面临很多约束条件，如卖空约束、杠杆约束、上下限约束、换手率约束、持仓数量约束、因子暴露约束以及跟踪误差约束等。在实际投资组合优化中，应当先根据配置目标和需求选择恰当的约束条件，然后再配合选定的目标函数求解最优的股票权重。

📖 6.1.4　业绩归因

从选择因子到构建投资组合，这其实只完成了一小部分的工作，量化投资是一个循环往复的过程：所有预测都需要经过时间来检验，实践经验反过来又能够帮助形成下一期更好的预测。因此，业绩归因分析尤为重要。

业绩的衡量指标主要分为三类，即收益指标、风险指标和经风险调整的业绩指标。收益指标通常采用各频度的主动收益率，即相同频度的投资组合收益率减去基准收益率之差。风险指标通常包含各频度的主动风险和最大回撤等。经风险调整的业绩指标主要有夏普比率和信息比率，前者衡量投资组合承担单位风险时获取收益的能力，而后者衡量投资组合承担单位主动风险获取的主动收益的能力。归因分析中，通常采用 Brinson 模型和基于多因子模型的因子归因模型。

6.2　多因子模型中的价值陷阱

📖 6.2.1　多因子选股的基本面因子

在基本面方面，传统多因子模型主要通过估值和质量两类因子进行选股。其中，估值维度的因子常常被称为价值因子，主要用于衡量股票的"便宜性"，其基本含义是，相比估值较高的股票，估值较低的股票常常具有更高的预期收益率。因此，传统多因子模型中的价值因子对应了本书中的相对价格的概念。为了避免概念上的混淆，后文将其称为相对价格因子。

与多因子模型中的相对价格因子相关的研究可以追溯到 20 世纪 80 年代，Fama 和 French （1993） 将其推广开来，并将以账面价值比构建的相对价格正式确立为系统性因子。目前广泛用于多因子模型的相对价格因子主要包含一些基本的价格倍数，如市盈率、市净率、市销率、企业价值倍数以及它们的变体。其中使用最广泛的是市净率，它常常以其倒数形式，即账面市值比进入多因子模型。但是近些年的一些研究也开始质疑以账面市值比构建的相对价格因子，并提出了其他的替代物。例如，Liu 等（2019）主张采用市盈率倒数代替账面价值比。

采用这些价格倍数的基本逻辑是：大量的实证研究发现，在长期以及不同的市场上这些倍数本身在不同程度上直接或者控制一些其他变量之后，与预期股票收益率存在近似的线性关系。该逻辑背后的解释主要分为两类，即价格倍数反映了某些财务风险或者会引致投资者行为偏差。以账面市值比为例，从财务风险角度，Griffin 和 Lemmon（2002）以及 Peterkort 和 Nielsen（2005）等通过实证研究发现，在面临不同财务困境风险的企业中，账面市值比预测未来股票收益的能力体现出显著的差异性。从行为金融学角度，Daniel 和 Titman（2006）、Jiang（2010）等发现，相对于无形信息，投资者通常较少地关注有形信息，这导致股票未来收益同其无形收益高度负相关，而账面市值比刚好能较好地预测无形收益，从而对股票未来收益有显著的预测能力。

学界对多因子模型中质量因子的定义长期存在争议，直到近几年才逐渐达成共识。Asness 等（2019）认为安全性高、盈利性好以及成长性好的公司是高质量的公司，因此，将质量因子定义为由盈利能力、成长性和安全性这三个维度构成的复合因子。Hou 等（2019）也考察了上述质量因子的定义，并形成基本一致的结论。在国外一些较早期的文献中，质量维度还考虑了股利支付率。李斌和冯佳捷（2019）在构建中国公司的质量因子时也考虑股利支付比率。张然和汪荣飞（2015）将质量扩展到包含盈利能力、经营效率、盈余质量、投融资决策和无形资产五个维度。但不论如何定义质量因子，它的几个维度都与决定企业内在价值的现金流、预期增长以及风险基本上相对应。因此，在本书中我们将质量因子称为内在价值因子。

与相对价格因子类似，分析师将内在价值因子纳入多因子模型的基本逻辑是：大量的实证研究发现，在长期以及不同的市场上这些内在价值因子本身在不同程度上直接，或者控制一些其他变量之后，与预期股票收益率存在近似的线性关系。在其他条件不变的情况下，越能创造现金流的公司的股票预期收益率越高，成长性越好的公司的股票预期收益率越高，风险越小的公司的股票预期收益率越高。

内在价值因子的盈利维度，主要度量企业产生现金流的能力。常见的盈利指标包含用于直接衡量当期现金流入的总资产回报率、权益资本回报率、投资资本回报率，以及衡量现金流持续性的长期平均总资产回报率、长期平均权益资本回报率以及长期投资资本回报率。内在价值因子的成长性维度，主要衡量企业未来增长的潜力，常见的指标包含各类资产增长率、营业收入增长率和利润增长率。原则上这些增长率应当采用一个经营周期的平均增长率，但实际上多数分析师采用近5年增长率的算术平均值或者几何平均值。安全性则主要选择股票的贝塔值、特质性波动率以及度量财务风险的指标，如财务杠杆率、O-score 以及 Z-score 等。这里的 Z-score 是衡量企业陷入财务困境可能性的安全性指标，与收益率模型中预测变量标准化得分不同。

6.2.2 基本面因子选股流程

为了检验基本面选股因子的有效性，在确定变量定义并计算出所有个股在变量上的取值后，一般还需要进行以下几类的检验，以考察这些因子对股票收益率的预测能力。

第一，单变量分组检验。通常的做法是在任意一个 t-1 月末，将样本所有股票按照最近可得的基本面选股因子从小至大排序，分成5组或者10组，每组股票构成一个投资组合，从 t-1 月末持有至 t 月底，并将每组中各股票的月收益率加权平均作为该投资组合的月收益率。其中，加权的方式可以是等额加权，也可以按照市值加权，或者同时计算两种加权平均收益率。用最高组收益减去最低组收益，构建多空套利组合的平均收益，这是检验因子有效性的关键的投资组合。每个月进行类似的分组（即再平衡），再计算每个套利组合月收益的平均值和相应的统计量，从而得到套利组合的平均收益和相应的统计量。如果每档组合的加权平均收益率与选股之间的关系是单调的，且套利组合的平均收益显著异于零，则说明选股对股票的未来收益具有预测作用，是一个有效的基本面选股因子。

第二，多变量分组检验。要检验选股指标对横截面股票收益率的区分度是否受其他变量的影响，可以进行多变量分组检验。为了避免控制太多变量可能导致的多重共线性以及每组股票数量可能不足，一般采用条件双变量或者三变量分组检验。这里以条件双变量分组检验为例，依次控制住常见的影响横截面股票收益率的变量，如市值、换手率、非流动性以及过去一个月收益率等，然后检验选股因子对股票收益率是否还有区分度。在 t-1 月末先按照 t-1 月末的相应控制变量将股票池中的股票等分成若干组，然后在每组中按照 t-1 月的选股因子大小分成 5 档或 10 档，得到投资组合。将上述组合从 t-1 月末持有到 t 月末，并计算各投资组合的月均收益率。如果控制变量各组内的各档月平均收益率是单调的，且套利组合的月平均超额收益率是显著异于零的，那么说明该选股因子能够通过双变量的分组检验，即在控制其他变量后还对未来股票收益具有预测作用。

第三，Fama-Macbeth 横截面回归。为了进一步检验选股因子对股票收益率的预测能力，还可以采用 Fama-Macbeth 回归方法以同时控制住多个其他影响横截面股票收益率的公司特征。具体做法是，每一个月构建一个多元线性回归模型，回归模型中被解释变量是个股第 t 个月的月收益率，用第 t-1 个月的选股因子作为解释变量，将第 t-1 个月的对数市值、账面市值比、换手率、非流动性指标以及过去一个月收益等变量作为控制变量，然后采用统计模型（如普通最小二乘法、泰尔森法以及加权最小二乘法等）进行回归。回归模型如下：

$$r^e_{i,t} = a_{t-1} + b_t x_{i,t-1} + \sum_{s=1}^{S} c^s_{i,t-1} FM_{i,t-1} + \varepsilon_{i,t} \tag{6-4}$$

其中，角标 i 表示个股；a_{t-1} 是一个常数项；$r^e_{i,t}$ 表示第 t 个月的个股收益率；$x_{i,t-1}$ 表示第 t-1 个月末基本面选股因子的取值；b_t 表示基本面因子的回归系数；$FM_{i,t-1}$ 为一系列的 Fama-Macbeth 控制变量在 t-1 月末的取值，其中可以包含行业虚拟变量；$c^s_{i,t-1}$ 是控制变量的回归系数；$\varepsilon_{i,t}$ 表示随机误差项。如果基本面选股因子显著为正，则说明选股因子是有效的。

第四，因子模型时间序列回归。为了从时间序列的角度检验选股因子对预期股票收益率的预测能力是否具有可持续性，还可以进行因子模型时间序列回归。具体做法如下：将选股因子从大到小排序并进行分位数分组，在每一个分位数构建一个多元线性回归模型。回归模型中的被解释变量是基于选股因子的经行业均值调整的投资组合预期收益率，将减去无风险报酬率的月度市场指数报酬率、月度小市值减去大市值组合报酬率、月度高价值减低价值组合报酬率、月度动量组合报酬率、月度短期反转组合报酬率、月度长期反转报酬率、月度投资因子和月度盈利因子等作为解释变量。然后，采用统计模型（如普通最小二乘法、泰尔森法以及加权最小二乘法等）进行回归。回归模型的表达式如下：

$$r^e_{q,\,t} = \alpha_q + \sum_{l=1}^{L} \beta_{q,\,l} F_{l,\,t} + \mu_{q,\,t} \qquad (6-5)$$

其中，$r^e_{q,\,t}$ 表示基于 $x_{i,\,t-1}$ 的经行业调整后的第 t 个月的分位数投资组合预期收益；α_q 是时间序列回归的截距项；$F_{l,\,t}$ 表示第 l 个因子分位数投资组合的收益率差异；$\beta_{q,\,l}$ 是相应的回归系数；$\mu_{q,\,t}$ 表示随机误差项。如果 α_q 显著为正，且随着分位数变化是单调的，特别地，最高分位数和最低分位数对应 α_q 之间的差异是显著的，那么说明选股因子是有效的且对股票收益率的预测在时间上是可持续的。

以上几类检验的频度根据调仓的频度确定，可以是月度的，也可以是季度或者年度的，但需要注意的是，检验的频度应当与实际投资的调仓频度保持一致。通常这几类检验不必全部通过，但起码要通过单变量组合检验和 Fama - Macbeth 横截面回归检验。

📖 6.2.3　价值陷阱及其来源

上述的选股过程看起来非常合理，但是极度依赖于一个基本的假定：选股因子与股票预期收益之间存在着良好的线性关系。如果某些选股因子与股票预期收益率之间不存在显著的线性关系，就难以选择出真正有潜力的股票。这在一定程度上已经引起了实证研究的重视。比如，Fama 和 French（1992）就发现市盈率倒数与未来股票收益率之间的关系呈 U 形。Fama 和 French（2015）提出五因子模型，在他们提出的三因子模型中加入盈利和投资两因子后，相对价格因子的预测功能变得不再显著。Liu 等（2019）试图通过对一些相对价格因子进行会计学的分解来改善它们的预测能力。下面借用 Sloan（2019）中的一个例子来说明这一点。

Big Five Sporting Goods（以下简称 BIG5）是一家总部位于美国加利福尼亚州的体育用品零售商，其主要针对美国西部市场。表 6-1 展示了 2017 年 3 月 31 日该公司在多因子模型中涉及的常见的 8 个财务及量价指标，以及全部股票各指标在 25% 分位数、中位数以及 75% 分位数上的取值。BIG5 的所有指标都在股票池中位数以上，集高价值、高动量、高质量以及小市值四大优点于一身。因此，它受到各大量化投资公司的追捧。Sloan（2019）从行业前景和财务困境层面指出了传统量化分析的不足，但在这里我们想说的是，不论行业前景和真实的财务状况如何，仅就表格上调整前的数据来看，市盈率倒数、账面市值比和经营现金流与价格比这三个相对价格指标高于股票池中位数没有任何意义。我们在第 4 章中已经看到，在不考虑股利支付率、预期增长以及风险等条件的情况下，这些价格倍数本身并不能说明股票是否便宜。BIG5 的相对价格因子高于股票池中位数的原因，可能是由于其预期增长率低（因为行业前景低迷）、风险较高（因为其规模小且调整后债务权益比高），以及创造现金流的能力较低（因为调整后的 ROE 低于股票池中位数）。

表 6-1　BIG5 和股票池的主要量化指标

指标	指标属性	BIG5	股票池 25% 分位数	股票池 中位数	股票池 75% 分位数
Trailing EP	相对价格	0.051	0.002	0.035	0.053
账面市值比	相对价格	0.616	0.234	0.425	0.661
经营现金流与价格比	相对价格	0.222	0.041	0.07	0.11
过去 12 个月收益率	动量	39.80%	5.50%	22.90%	45.10%
ROE	内在价值	0.084	0.029	0.083	0.166
债务权益比	内在价值	0.065	0.181	0.631	1.25
应计与资产比	内在价值	0.129	0.084	0.047	0.013

指标	指标属性	BIG5	股票池 25% 分位数	股票池 中位数	股票池 75% 分位数
市值（百万美元）	内在价值	333	550	1620	5143
调整后比率					
调整后的 ROE	内在价值	0.039	0.018	0.053	0.111
调整后的债务权益比	内在价值	1.500	0.371	0.847	1.578

注：通过将累计的 PP&E 折旧加回账面价值计算调整后的 ROE；通过将经营租赁应付的租金资本化并将超过五年的应付款在未来五年内平均分配，来重新估计调整后的债务权益比。

资料来源：Sloan（2019）。

除了上面的例子，我们还可以发现，即便我们在安全维度考虑了公司陷入财务困境的可能性，但前述选股过程不能排除股东价值损害型的股票。对于任何一个企业而言，权益投资者对企业的索取权始终在债权人后面，即便公司陷入财务困境的可能性很小，但它仍然可能损害股东的价值。吴超鹏和吴世农（2005）发现，在中国市场上，大约 70% 的股票都是股东价值损害型的。对于一个权益投资者来说，投资至少需要满足其机会成本，否则企业的经营活动与经营业绩并不会为其创造价值。我们以一个简化的例子来说明。

有三家虚构的公司 A、B 和 C，它们的主要财务状况及价值预测列示在表 6-2 中。三家企业都仅用权益资本融资，因而不存在任何债务风险。为了说明问题，假定在预测期内（未来四年）所有企业都保持相同的投入资本收益比，利润率都为 10% 且不变，收入增长率都保持为 10%，预测期结束后将第四年的经济增加值（EVA）按照各自的资本成本进行资本化。通过比较，由于价值创造程度（用 EVA 来衡量的话）的差异，即便 A 公司与 B 公司的利润率、利润增长率、财务风险以及投资资本收益率都相同，A 公司的价值也远高于 B 公司。即便 C 公司与 B 公司在营业收入、利润率、增长率、财务风险以及资本成本等方面都相同，但其由于经济增加值为负，所以其价值不断降低，而 B 公司的价值还在继续增长。这意味着，即便三家公司基本面上绝大多数的因素都相似，其内在价值差异仍然很大，如果价格终将收敛于内在价值，那么，它们的股票预期收益率也将差别很大；但是如果不考虑企业是否创造价值，前述的选股过程根本无法区分这三家企业。

表6-2　A、B和C三家公司的财务状况与价值预测　　　单位：万元

财务指标	A 企业	B 企业	C 企业
营业收入	800	1000	1000
净经营利润（NOP）	80	100	100
投入资本（IC）	640	800	1000
资本成本（CCAP）	10%	12%	12%
资本费用	64	96	120
经济增加值（EVA）	16	4	-20
投资资本收益率（ROIC）	12.5%	12.5%	10%
经济增加值对价值的影响			
第1年	17.6	4.4	-22
第2年	19.36	4.84	-24.2
第3年	21.296	5.324	-26.62
第4年	23.4256	5.8564	-29.282
前4年EVA之和	81.6816	20.4204	-102.102
第5年开始的剩余价值	234.256	48.803	-244.017

注：表中最后6行中的经济增加值都是折现前的数额。

通过以上两个例子，我们呈现了传统的多因子模型中的价值困境，即不能真正地识别和筛选出内在价值较高而相对估值较低的股票。其主要原因在于两个方面：第一，相对估值因子和内在价值因子的割裂。传统的多因子模型常常直接利用估值倍数来选择价格便宜的股票，这违背了相对估值理论的两个基本原则，既没有选择恰当的可比公司，也没有控制其他因素对估值倍数的影响。传统的多因子模型直接利用相对价值倍数评估股票池中的所有公司，这意味着将股票池中的所有股票作为一组可比公司。我们在第4章已经阐明，如果不控制住足够多的因素，这样的相对估值是无效的，尤其在调仓频率较高的时候，需要控制更多的因素。尽管内在价值类的因子中加入了决定企业现金流、预期增长率及风险的因素，但是多因子模型常常将它们和相对价格因子割裂开来，

大幅度降低了它们的控制功能，甚至会得出扭曲的结果。第二，在股票池中不能排除掉那些本身不创造价值，但相对价格因子，甚至部分内在价值因子都表现良好的股票。传统的多因子模型选股的目标是尽可能地获取更高的预期报酬率，但是在安全性方面却采用的是财务风险而不是价值损害风险的度量指标，因此，模型本身是不具备一致性的。但是这一原因到目前为止尚未引起学界和业界的重视，这也是后文重点考察的内容。

6.3 价值创造与股票选择

为了避免 6.2 中呈现的第一类价值陷进，这里介绍如何识别和评估企业价值创造，并展示如何将企业价值创造纳入多因子模型的框架中。

📖 6.3.1 如何识别价值创造

传统财务困境的界定标准主要考虑企业对债权人的违约行为。但是企业由债权人和股东共同出资的，他们对企业都有自身的期望报酬率。因此，我们不能只考虑企业对债权人期望报酬的违约，而不考虑企业对股东期望报酬的"违约"。事实上，在利润分配前，债务利息已计入成本，相对于股东来说债权人已经优先得到补偿。这意味着，如果企业发生了债务违约行为，必然先发生损害股东价值的行为，即先对股东"违约"之后，才对债权人"违约"。因此，对于股权投资来说，采用财务困境指标来筛选股票实际上是放松了对股票的筛选条件。

依据财务经济学里的价值创造观，可以将公司分为三种类型：价值创造型、价值损害型、财务困境型。其中，价值创造型企业增加股东价值；价值损害型企业损害股东价值，但是不会损害债权人的利益；财务困境型企业不仅损害股东利益，还损害债权人的利益。如果用公司陷入财务困境的可能性来度量安全性，将产生误导性的结果，认为价值损害型的企业对于股权投资者来说也是高质量的公司。

我们先简单地以税后营业利润和经济增加值为例，来说明如何识别价值创造型、价值损害型和财务困境型的公司。用 EBIT 表示息税前的营业利润，用 t 表示有效税率，用 r^d 表示债务成本，用 r^e 表示权益资本成本，用 D 表示债务价值，用 E 表示权益价值。那么，三种类别的公司可以通过式（6-6）中的三个不等式来识别：

$$\begin{cases} EBIT(1-t)>D\times r^d\times(1-t)+E\times r^e & \text{（价值创造型）} \\ D\times r^d\times(1-t)\leq EBIT(1-t)<D\times r^d\times(1-t)+E\times r^e & \text{（价值损害型）} \\ EBIT(1-t)<D\times r^d\times(1-t) & \text{（财务困境型）} \end{cases} \quad (6\text{-}6)$$

价值创造型的公司，税后营业利润能够弥补所有资本成本；价值损害型的公司，税后营业利润大于债务资本成本，但是不能同时补偿股东的权益资本成本；财务困境型公司的经营绩效最差，以至于连债务资本成本都不能完全补偿。

进一步地，由于企业的经济增加值（EVA）可以表示为：

$$EVA = EBIT(1-t) - D\times r^d\times(1-t) - E\times r^e \quad (6\text{-}7)$$

因此，如果采用 EVA，可以获得三类公司更加简洁的形式：

$$\begin{cases} EVA>0 & \text{（价值创造型）} \\ -E\times r^e<EVA<0 & \text{（价值损害型）} \\ EVA<-E\times r^e & \text{（财务困境型）} \end{cases} \quad (6\text{-}8)$$

由此可知，价值创造型企业的 EVA 大于零；价值损害型企业的 EVA 小于零，但是大于负的权益资本成本；财务困境型企业的 EVA 小于负的权益资本成本。这里的债务价值和权益价值原则上应当采取两者的市场价值。如果债务价值的市场价值难以获得，可以考虑采用其账面价值。另外，在现实中 EVA 的计算并不像式（6-7）表示的那么简单，需要对财务报表进行多项调整。具体的调整方法和注意事项可以参见本书第 2 章的相关内容。

当然，除了用 EVA 来衡量企业价值创造，我们还可以利用第 2 章提到的其他指标，如投资现金回报率（CFROI）和经济利润率（EM）来衡量。采用这两个指标的好处是，它们都经过通货膨胀调整，而计算 EVA 时通常并没有考虑通货膨胀的影响。与 EVA 类似，EM 通过与零和权益资本成本的比较，可以识别三种类型的公司。但是 CFROI 只能通过与加权资本成本的比较，识别企业是否创造价值，而不能区分价值损害型公司和财务困境型公司。如果拟投资的市场通胀率较高，那么我们更加倾向于采用 CFROI 和 EM 来衡量企业价值创造。

📖 6.3.2 价值创造因子

前面已经提供了识别公司类型的指标，诚然我们可以直接将这些指标作为价值创造因子构建多因子模型，但这些指标不仅计算比较烦琐，而且直接采用指标也不利于我们理解到底是什么因素在决定企业创造价值。这里我们以翁洪波和吴世农（2006）、吴超鹏和吴世农（2005）的研究为例，探索决定企业价值创造的因素，并分别从静态和动态角度展示构建价值创造因子的方法。

从静态的角度，翁洪波和吴世农（2006）利用中国上市公司数据考察了判定企业是否进行价值创造的方法。他们认为依据公司的财务能力和治理能力能够预测企业是否创造价值，从偿债能力、营运能力、盈利能力、成长能力、资产流动性以及现金流量 6 大类财务指标中选择 51 个备选财务变量，从股权结构和经理激励等角度选择 8 个备选的公司治理指标，最终从中筛选出 12 个有效的预测变量，来预测公司是否创造价值。他们利用 EVA 来衡量价值创造，但是分别构造了绝对指标和相对指标。关于绝对指标，他们将 EVA 大于 1000 万元的公司划分为价值创造类型，将 EVA 小于 -1000 万元的公司标记为价值损害的公司，中间则界定为不确定类型。关于相对指标，他们采用权益资本效率（即 EVA 除以平均股东权益），分别以 0.9% 和 -0.9% 为界将公司分为价值创造、价值损害和不确定三种类型。他们最终建立的回归方程见式（6-9）和式（6-10）。

$$\text{logit}_{\text{绝对}} = -4.089 + 4.263X_1 + 0.847X_2 - 4.522X_3 + 0.649X_4 + 1.847X_6 +$$

$$0.697X_7 + 3.146X_8 + 0.047X_{10} + 0.610X_{11} + 0.009X_{12} + \sum_{i=1}^{11} \text{Ind}_i$$

$$(6-9)$$

$$\text{logit}_{\text{相对}} = -3.938 + 4.204X_1 + 1.096X_2 - 4.782X_3 + 1.117X_5 +$$

$$1.259X_6 + 0.719X_7 + 1.197X_8 + 0.032X_9 + 0.055X_{10} +$$

$$0.278X_{11} + 0.008X_{12} + \sum_{i=1}^{11} Ind_i \qquad (6-10)$$

在这两个回归方程中，X_1 表示每股收益，X_2 表示主营业务利润率，X_3 表示营运资本总资产比，X_4 表示资产负债率，X_5 表示负债比率百分比变化，X_6 表示总资产增长率，X_7 表示资产周转率，X_8 表示每股经营活动现金流，X_9 表示每股投资活动现金流，X_{10} 表示第一大股东持股比例，X_{11} 表示第二至第十大股东股权集中度，X_{12} 表示高管平均年薪对数以及行业虚拟变量，Ind_i 表示行业哑变量。

除了正在进行价值创造的公司，还有一类公司是值得投资的，即正在从价值损害向价值创造转变的公司。比如一些成长性的公司，在经历一段时间的价值损害后，有可能成长为价值创造型的成熟企业。这说明，我们还需要进行动态的预测，考察企业一段时间之后的价值创造能力与绩效。目前，这方面的研究在学界仍然不太常见，我们以吴超鹏和吴世农（2005）为例加以说明。

他们认为企业的财务因素、内部治理因素和外部治理因素都可能影响企业能否从价值损害转向价值创造。他们利用排序因变量模型，并从上述三类因素中选择了约 20 个变量用于预测企业的转变。具体地，财务因素选择了每股收益、营运资产占总资产比、流动资产周转率、应收账款回收周期、资产负债率、留存收益占总资产比、资产增长率和每股经营活动现金流 8 个变量。利用第一大股东持股比例、是否国有控股、第二至第十大股东股权集中度、独立董事比例、总经理和董事长二位一体性、董事长是否持股、董事会持股比例、前五大高管持股比例以及高管平均年薪对数构建了公司治理指数。用审计意见类型（是否标准）、诚信度（是否违规受谴）以及信息透明度（是否境外上市）构建了投资者利益保护指数。构建公司治理指数和投资者利益保护指数的方法为主成分分析法。得到这些预测变量后，他们采用基于 Levenberg-Marquardt Back-Propagation（LMBP）算法的人工神经网络模型分别从 t 年和 t+1 年来预测价值损害型公司能否在 t+2 年转变成价值创造型的公司。

遗憾的是，由于作者知识的局限性，我们未能找到更多的关于评估、预测企业价值创造的文献。但是通过翁洪波和吴世农（2006）、吴超鹏和吴世农（2005）这两个研究，我们至少能够看到从静态和动态两个角度构建价值创造因子的思路、什么变量能够有效地预测企业价值创造以及从价值损害转向价值创造。但特别值得注意的是，我们在构建自己的量化投资模型时，不能直接照搬以上研究结果。一方面，因为数据本身在变化，十多年前的模型可能与当今的数据无法匹配；另一方面，随着计量经济学和机器学习这两门学科的进步，我们完全可以利用新的技术构建更好的价值创造因子。

6.4 静态相对估值模型

为了避免第二类"价值陷阱"，我们基于相对估值理论介绍如何规范地构建和使用相对价格因子。我们依据估值倍数本身是否受到其前期的基本面决定因素及自身的影响，将相对估值模型分为静态的相对估值模型和动态的相对估值模型。如果不考虑基本面决定因素和自身的滞后项对估值倍数的影响，我们将其称为静态的相对估值模型；反之，如果考虑滞后项的影响，则称为动态的相对估值模型。

6.4.1 相对价格因子

在第4章，我们详细考察了常见估值倍数的基本面决定因素。市盈率的基本面决定因素为预期增长率、股利支付率、风险；市净率的基本面决定因素为预期增长率、股利支付率、风险以及净资产收益率；市销率的基本面决定因素为预期增长率、股利支付率、风险以及净利润率；EV/EBITDA倍数的基本面决定因素包含预期增长率、税后经营利润率、风险、再投资率以及税率；EV/投资资本倍数的基本面决定因素包含预期增长率、再投资率、风险以及投资资本收益率；EV/企业销售收入的基本面决定因素包含预期增长率、再投资率、风险以及税后经营利润率。我们可以根据这些基本的相对估值理论构建新的相对价格因子。

以市净率为例。既然已经知道市净率的基本面决定因素包含预期增长率、股利支付率、风险和净资产收益率，那么我们在每一期可以据此建立以下回归模型，利用横截面数据来预测估值倍数：

$$PB_{it} = \beta_0 + \beta_1 Eg_{it} + \beta_2 por_{it} + \beta_3 Risk_{it} + \beta_4 ROE_{it} + \sum_{l=1}^{n-1} s_l Ind_{li} + \varepsilon_{it}$$

$$(6-11)$$

其中，角标 i 表示个股；PB_{it} 表示市净率；Ind_{li} 表示行业虚拟变量，n 为行业数量，s_l 为行业哑变量的回归系数；Eg_{it} 表示预期的股利增长率；por_{it} 表示股利支付率；$Risk_{it}$ 表示风险；ROE_{it} 表示净资产收益率；ε_{it} 表示随机误差项；$\{\beta_j\}_{j=0}^4$ 分别表示模型的截距项和斜率系数。为了增加模型的实用性，可以利用综合股利计算股利支付率。值得注意的是，风险对应的是权益资本成本，关于权益资本成本的计算，本书第 5 章有详细介绍。模型回归后，代入个股数据能够得到个股的市净率预测值 $\widehat{PB}_{it}$。利用实际的市净率和多元回归模型预测的市净率，我们就可以构建一个相对价格因子 MPB_{it}：

$$MPB_{it} = \frac{\widehat{PB}_{it} - PB_{it}}{PB_{it}}$$

$$(6-12)$$

这里的 MPB_{it} 实际上是一个相对定价偏差的概念。由于 $\widehat{PB}_{it}$ 是将同行业企业作为可比公司，并控制预期增长率、股利支付率、风险以及净资产收益率差异后的一个公允市净率，所以 MPB_{it} 实际上是一个相对于行业公允市净率的相对定价偏差。如果一个企业的 MPB_{it} 为较大的正值，意味着该企业相对于同业公司来说被低估，未来股价可能上涨；反之，如果一个企业的 MPB_{it} 为负值，意味着该企业相对于同业公司来说被高估，未来股价可能下跌。

我们在第 4 章已经说明，在不同的时间尺度上股票价格影响因素不一样。只有在时间尺度足够长的情况下，股票的价格才会收敛于其内在价值。而我们构建回归方程（6-11）时隐含了一个非常强的假设，即股票的价格等于其内在价值，我们用行业哑变量和随机误差项"抓捕"了其他所有的影响价格的因素。因此，利用式（6-11）和式（6-12）构建的相对价格因子比较适合调仓周期比较长（如每年调一次仓）的情况下作为相对价格因子来选择股票。如果调仓周期比较短，如每季度或者每月调一次仓，那么我们必须在模型（6-11）中放入更多的解释变量，以"抓捕"股票价格的短期波动，从而获得更加精确的公允的估值倍数和相对定价偏差。另外，我们在第4章提到估值倍数本身是不太可能呈正态分布的，因此，对于模型（6-11）也最好不要采用普通最小二乘法来估计，最好采用分位数回归。

📖 6.4.2　隐含的公允价格

前面采用估值倍数来度量相对价格。估值倍数的基本逻辑是用分母抓取对股票内在价值影响最大的因素，或者控制可比公司间最大的差异。一个隐含的假设是，股票的内在价值与分母之间存在线性关系。我们可以将估值倍数进一步地一般化：将分母移到等号的右边，构建一个由可比公司隐含的公允价格方程。由于这种做法没有直接采用相对估值的倍数形式，学界和业界一些专家也将这个由可比公司隐含的公允价格称为股票的内在价值。但这是不科学的，因为隐含的公允价格取决于类似资产（可比公司）的市场价格，而不是企业本身的现金流、预期增长以及风险特征。投资者可以采用相对估值倍数评估股票是否便宜，当然也能直接采用隐含的公允价格来评估股票的便宜程度。

与相对估值倍数类似，也有两种方法来估计隐含的公允价格。第一种是严格地根据内在价值评估的理论，采用较少的变量构建一个精炼的模型，缩小可比公司范围（如同行业的公司），来预测由可比公司隐含的公允价格。这种方法更多地强调理论的精确性和逻辑的一致性。第二种是并不完全遵循价值评估理论，采用尽可能多的基本面变量，扩大可比公司范围（如满足数据可获得性的市场上的所有公司），来预测隐含的公允价格。这种方法注重模型的解释能力（如最大化模型的拟合优度），更加强调实用性。

我们先讨论第一种方法。根据评估企业内在价值的剩余收益模型，可以知道股票的内在价值由权益账面价值及未来剩余收益的现值决定。如果假定未来预期的净资产收益率（ROE）与未来的折现率线性相关，且权益账面价值以恒定不变的速度增长，那么股票当期内在价值的对数与当期账面价值对数之间呈线性关系。鉴于已经有大量的经验证据表明，长期来看企业间的净利润差异和杠杆率差异在横截面上对股票的价格具有重要影响，所以，在构建企业公允价格时，也将净利润和杠杆率纳入解释变量。对于每一个行业的企业构建以下方程，估计由行业企业隐含的股票的公允价格：

$$\ln(\mathrm{FP}_{ijt}) = \alpha_{0jt} + \alpha_{1jt}\ln(\mathrm{BVE}_{it}) + \alpha_{2jt}\ln(\mathrm{NI})_{it}^{+} + \alpha_{3jt}\mathrm{I}_{(<0)}\ln(\mathrm{NI})_{it}^{+} + \alpha_{4jt}\mathrm{LEV}_{it} + \varepsilon_{it}$$

$$(6\text{-}13)$$

其中，角标中 i 表示企业或者个股，j 表示行业，t 表示时间；BVE_{it} 表示权益账面价值；NI^{+} 表示净利润的绝对值；$\mathrm{I}_{(<0)}\ln(\mathrm{NI})_{it}^{+}$ 是一个指示函数，对净利润为负的企业取 1，对净利润为正的企业取 0；LEV_{it} 表示杠杆比率；α_{0jt} 为截距项，ε_{it} 表示随机误差项；$\{\alpha_{ijt}, i=1, 2, 3, 4\}$ 表示各解释变量的斜率系数。

对方程（6-13），分别在每一个时期对每一个行业进行估计，得到回归系数。然后将每只股票在变量上的取值代入方程再进行指数转换，得到该股票公允价格对数的预测值 $\widehat{\mathrm{FP}}_{it}$。如果记市场上公司实际价格为 P_{it}，那么错误定价信号就可以表示为：

$$\mathrm{MP}_{it} = \frac{\widehat{\mathrm{FP}}_{it} - \mathrm{P}_{it}}{\mathrm{P}_{it}}$$

$$(6\text{-}14)$$

如果 MP_{it} 为较大的正值，意味着股票被低估；如果 MP_{it} 为较小的负值，说明股票被市场低估。被低估的公司在未来的预期收益率可能大于被高估的公司。在所有样本中，市值加权的 MP_{it} 均值为零。

隐含的公允价格与权益账面价值之间呈线性关系的前提是，未来预期的 ROE 与未来的折现率线性相关，且权益账面价值以恒定不变的速度增长。这两个比较严格的假定如果任意一个假定不成立，隐含公允价格与权益账面价值之间的线性关系就会遭到质疑。这两个假定通常适合外部环境比较稳定的成熟期公司。为了兼容更多类型的公司和外部环境，我们可以适当放松这两个假定。比如只要求公司稳定增长，而不对折现率设定限制。这时可以直接改造前述的估值倍数，来构造隐含公允价格的模型。将式（6-11）等号左边市净率的分母挪到等号右边并进行近似的线性化后，可以得到：

$$\mathrm{FP}_{it} = \beta_0 + \beta_1 \mathrm{Eg}_{it} + \beta_2 \mathrm{por}_{it} + \beta_3 \mathrm{Risk}_{it} + \beta_4 \mathrm{ROE}_{it} + \beta_5 \mathrm{BVE}_{it} + \sum_{1=1}^{n-1} s_l \mathrm{Ind}_{li} + \varepsilon_{it}$$

$$(6\text{-}15)$$

其中，BVE_{it} 表示权益账面价值。

接下来，我们简要考察第二种方法，即在模型中尽可能多地纳入预测变量以最大化拟合程度，而适当放松理论要求。以 Bartram 和 Grinblatt（2018）为例，他们本着最大化 R^2 的目标，甚至适当放松模型对多重共线性的限制，从资产负债表、利润表以及现金流量表中寻找尽可能多的预测变量来预测尽可能多的公司。他们构建的模型如下：

$$FP_{it} = a_t + \sum_{j=1}^{J} \beta_{jt}F_{ijt} + \varepsilon_t \qquad (6-16)$$

其中，a_t 表示截距项；F_{ijt} 为公司 i 在 t 时期的基本面变量。Bartram 和 Grinblatt（2018）的企业财务报表中一共选择了 28 个变量，最终获得了较好的股票收益率的预测能力，经风险调整后的超额回报率达到 10%，而且不论在大市值还是小市值组合中都很显著。

第二种方法放松了估值理论的限制，因此，我们不仅可以将回归模型的目标设置成最大化拟合优度，甚至可以将目标设置为最大化预测能力，通过采用机器学习的方法来选择预测变量。

由于在实际中股票的实际价格很少服从于正态分布，因此，在估计方程（6-13）、方程（6-15）以及方程（6-16）时，也建议采用分位数回归方法。我们将在下面介绍该方法的基本原理。

6.4.3 分位数回归的基本原理

在以往的多因子模型中，但凡涉及回归，业界和学界几乎都采用普通最小二乘法，主要是因为该方法简单，且易于解释。但是标准的普通最小二乘法有很多严格的假设，比如要满足独立性、正态性和同方差性等要求。如果模型和数据不满足这些基本的要求，将会导致回归结果方差偏大，甚至估计系数偏离均值。这会极大地削弱模型的预测功能，甚至得到误导性的结果。此外，普通最小二乘法还有另两个弊端：一是无法考虑极端值的影响；二是只能研究平均的总体信息。因此，我们建议采用一个更加科学的方法，即分位数回归方法。

相对于普通最小二乘法，分位数回归具有很多显著的优势，特别适合于金融市场。第一，它的前提假设比较宽松，只要求抽样的独立性，而不对正态性和同方差性做任何要求。多因子模型经常面临的数据（如常见的估值倍数、股票收益率以及股价等）一般都不满足正态性要求，常常表现出偏峰、尖峰以及后尾等分布特征。第二，分位数回归能够承载数据整个分布的各部分信息。这个特性特别有利于考察分位数投资组合。在最小二乘法中我们只能看到变量均值间的关系，而利用分位数回归我们可以研究变量在不同分位数之间的关系。第三，分位数回归可以充分考虑极端值的影响。最小二乘法为了避免极端值产生的影响，通常要求排除那些在某些变量上的取值偏离均值较远的股票。但现实中卓越的股票也通常属于"极端值"的范畴，这可能也是多年来多因子模型只能为投资者带来"平庸"报酬率的重大原因。而分位数回归可以充分考虑极端值的影响，能够将这些卓越的股票也包含在模型中。

接下来，我们简要介绍分位数回归的基本原理。分位数回归的思想最早是由 Koenker 和 Bassett（1978）提出的。它是对以古典条件均值模型为基础的最小二乘法的拓展。普通最小二乘法利用因变量的条件均值来建模，通过使残差平方和达到最小来获得回归参数的估计。而分位数回归则利用因变量的条件分位数来建模，通过最小化残差绝对值之和来估计回归参数。因此，它也被称为加权的最小一乘回归法。设随机变量 Y 的分布函数为：

$$F(y) = P(Y \leqslant Y) \tag{6-17}$$

则 Y 的第 $\tau(\tau \in [0, 1])$ 分位数为：

$$F^{-1}(\tau) = \mathrm{Inf}\{y: F(y) \geqslant \tau\} \tag{6-18}$$

其中，中位数可以表示为 $F^{-1}(0.5)$。对于一组随机样本 $\{y_i; x_{1i}, x_{2i}, \cdots, x_{ki}\}_{i=1}^{n}$，其中 y 表示因变量，$\{x_1, x_2, \cdots, x_k\}$ 表示自变量，构建一个第 τ 分位数线性回归方程：

$$y_{(\tau)i} = \mathbf{X}_i' \boldsymbol{\beta}_{(\tau)} + \varepsilon_{(\tau)i} \tag{6-19}$$

其中，$\mathbf{X}_i' \boldsymbol{\beta}_{(\tau)}$ 加粗的字体表示向量（后文也如此），$\boldsymbol{\beta}_{(\tau)}$ 是 $k \times 1$ 的第 τ 分位数回归的估计系数；ε 表示随机误差项。在分位数回归中，不同的分位数回归系数可以不同。通过求解以下问题得到参数估计：

$$\hat{\boldsymbol{\beta}}_{(\tau)} = \mathrm{argmin}_{\beta \in \mathrm{R}} \sum_{i=1}^{n} \rho_\tau |y_{(\tau)i} - \mathbf{X}_i' \boldsymbol{\beta}_{(\tau)}| \tag{6-20}$$

其中，$\rho_t(z) = \tau z I_{[0, \infty)}(z) - (1 - \tau z) I_{(-\infty, 0)}(z)$，$I(\cdot)$ 为指示函数。对于任意的 $\tau \in (0, 1)$，估计 $\hat{\boldsymbol{\beta}}_{(\tau)}$ 称为第 τ 分位数下的回归系数估计。求解以上方程，有三种主流的算法：第一，单纯形算法（Simplex Method），该算法估计出来的参数具有很好的稳定性，但是在处理大型数据时运算速度会显著降低；第二，内点算法（Interior Point Method），该算法对于具有大量观察值和少量变量的数据集的运算效率很高；第三，平滑算法（Smoothing Method），该算法在理论上比较简单，适合处理具有大量观察值及很多变量的数据集。

分位数回归估计的检验包含两个部分：一是与均值回归类似的检验，比如拟合优度检验、似然比检验和 Wald 检验；二是分位数回归独有的检验，比如斜率相等检验和斜率对称性检验等。我们主要介绍前一类，拟合优度检验与普通最小二乘法的 R^2 相似，可以计算一个 $R_{(\tau)}^* = 1 - \hat{Q}_{(\tau)} / \tilde{Q}_{(\tau)}$ 的统计量，其中 $\hat{Q}_{(\tau)}$ 是无约束分位数回归目标函数的最小绝对离差和，$\tilde{Q}_{(\tau)}$ 是约束回归目标函数的最小绝对离差和。$R_{(\tau)}^*$ 的值越接近 1，说明拟合效果越好；接近 0，则说明模型拟合结果欠佳。拟似然比检验类似于普通最小二乘法中的 t 检验。其基本原理是先计算出无约束模型似然函数值和有约束模型似然函数值，如果这两者的比值不接近于 1，则说明系数不显著；反之，如果接近于 1，则说明系数显著。分位数回归还可以利用分位数回归参数估计量的渐近方差—协方差矩阵，构造 Wald 形式的统计量进行各种约束形式的参数检验。

由于我们的目标是利用分位数回归考察量化投资模型，而非专门讨论统计学或者计量经济学方面的技术，因此，这里对分位数回归的讨论仅仅止于对其基本原理及其相对于普通最小二乘法优势的简单介绍。在实际运用中，很多软件都提供了专门的分位数回归工具，比如 R 和 SAS 提供了 quantreg 包，而 Python 在 Stats Models 模块中提供了 QuantReg 包。利用这些工具，我们可以便捷地进行分位数回归。更加详细的关于截面或面板数据分位数回归的介绍可以参考 Wooldridge（2010）及 Angrist 和 Pischke（2009），关于时间序列的分位数回归可以参考 Xiao（2012）在统计学手册中的专门介绍。

6.5 动态相对估值模型

第 6.4 节中从横截面的角度介绍了如何构建静态相对估值模型来选择相对估值较低的股票。但是当整个行业甚至整个市场普遍地偏离股票内在价值时,静态相对估值模型将会失效。一个比较好的方法从时间序列角度,构建动态相对估值模型,估计相对估值倍数与其基本面决定因素之间的长期稳定关系。如果在短期,估值倍数高于长期稳定的隐含估值倍数,那么意味着股票被高估,反之则意味着股票被低估。为了保证行文的一致性且便于读者理解,我们以市净率为例,呈现动态相对估值模型的基本原理。

📖 6.5.1 动态市净率模型的构建

与第 4 章保持一致,这里采用股利折现模型来分解市净率,将其分解为基本面的决定因素。当然,在实践中我们也可以采用其他合适的内在价值评估模型进行分解。为了增加模型的普适性,以及避免一些企业净利润为负的情况,我们采用综合股利的概念。在任意 t 时期,企业支付的综合股利为:

$$Dvd_t = por_t \times BVE_t \tag{6-21}$$

其中,Dvd_t、por_t 和 BVE_t 分别表示在 t 时期支付的综合股利、股利支付率以及权益资本账面价值。为了增加模型的普适性,我们不假定预期股利增长率和预期权益资本成本在每一期都是相同的。因此,在第 0 期股票的内在价值可以表示为:

$$EV_0 = \sum_{t=1}^{\infty} \left[\frac{por_0 \times BVE_0}{\prod_{j=1}^{t}(1+r_j^e)} \prod_{i=1}^{t}(1+Eg_i) \right] \tag{6-22}$$

其中,Eg 表示预期股利增长率,r^e 表示权益资本成本。将股票的内在价值作为价格,上式两边除以第 0 时期的权益账面价值,就可以得到市净率:

$$PB_0 = \sum_{t=1}^{\infty} \left[\frac{por_0}{\prod_{j=1}^{t}(1 + r_j^e)} \prod_{i=1}^{t}(1 + Eg_i) \right] \qquad (6-23)$$

显然，市净率是股利支付比率和预期股利增长率的增函数，是权益资本成本的减函数。为了便于估计，将市净率与其基本面决定因素进行近似的线性化，得到它们之间的长期均衡关系：

$$PB_{it} = \alpha_{0i} + \alpha_{1i} r_{it}^e + \alpha_{2i} Eg_{it} + \alpha_{3i} por_{it} + \varepsilon_{it} \qquad (6-24)$$

其中，α_{0i} 表示与企业 i 相关的特定的截距项；α_{1i}、α_{2i} 和 α_{3i} 均表示斜率项；ε_{it} 表示随机误差项。如果模型因变量和自变量之间是协整的，则 ε_{it} 是一个 $I(0)$ 过程。

市净率与其基本面决定因素之间的短期关系可以用一个自回归动态滞后面板模型 ARDL(p，q_1，q_2，q_3) 表示：

$$PB_{it} = \delta_{0i} + \sum_{j=1}^{p} \lambda_{ij} PB_{i,\,t-j} + \sum_{j=0}^{q_1} \delta_{i1j} r_{i,\,t-j}^e +$$

$$\sum_{j=0}^{q_2} \delta_{i2j} Eg_{i,\,t-j} + \sum_{j=0}^{q_3} \delta_{i3j} por_{i,\,t-j} + u_{it} \qquad (6-25)$$

其中，δ_{0i} 表示特定的组别效应；p、q_1、q_2 和 q_3 分别表示各自变量的滞后阶数；u_{it} 是随机误差项，它对于所有的 i 和 t 都是独立同分布的，与解释变量相互独立，且满足均值为零的条件。假定对于所有的企业，$1 - \sum_{j=1}^{p} \lambda_{ij} z^j = 0$ 的特征根都落在单位圆之外，则模型在短期的调整速度严格为负，进而使变量之间存在长期关系并保证模型的动态稳定性。

基于变量之间的长期关系和短期关系，即式（6-24）和式（6-25）可以构建如下非限制的误差修正模型（Error Correction Model，ECM）：

$$\Delta PB_{it} = \phi_i (PB_{i,\,t-1} - \alpha_{0i} - \alpha_{1i} r_{it-1}^e - \alpha_{2i} Eg_{it-1} - \alpha_{3i} por_{it-1}) + \sum_{j=1}^{p-1} \lambda_{ij}^* \Delta PB_{i,\,t-j} +$$

$$\sum_{j=0}^{q_1-1} \delta_{i1j} \Delta r_{it-j}^e + \sum_{j=0}^{q_2-1} \delta_{i2j} \Delta Eg_{it-j} + \sum_{j=0}^{q_3-1} \delta_{i3j} \Delta por_{i,\,t-j} + u_{it} \qquad (6-26)$$

其中，$\phi_i = -\left(1 - \sum_{j=1}^{p-1} \lambda_{ij}\right)$ 是短期调整参数；括号中的部分表示长期均衡偏差项；u_{it} 是随机误差项。如果式（6-24）刻画的长期均衡关系存在，则我们预期 ϕ_i 在统计上是显著为负的。一般地，如果估计出来的 ϕ_i 为正，则说明模型设定可能错误。

通过估计长期关系的模型（6-24）和误差修正模型（6-26），我们就可以计算 PB_{it} 的预测值 $\widehat{PB}_{it}$。这个预测值与 6.4 中的公允市净率不同，6.4 的公允市净率是由可比公司隐含的，这里的预测值可以看作是公司 i 自身的历史基本面因素所隐含的市净率。同样地，我们也可以参照式（6-12）用这个自身历史基本面因素隐含的市净率和当期实际市净率构建相对价格因子。如果相对价格因子为正，那么可能预示着下一期股票价格将上涨；反之，则可能预示下一期股票价格将下跌。

📖 6.5.2　模型的估计与预测

动态相对估值模型的估计与预测要比静态相对估值模型复杂得多。为了确保读者能够理解其过程并能够用本书的方法构建符合自身需要的动态价值评估模型，我们在这里呈现模型估计过程的同时，简要介绍其背后的基本原理。

第一步，根据相对估值理论，提出市净率与其基本面决定因素之间的长期均衡关系假设，即式（6-24）显示的关系。但是这个方程我们通常是不能直接采用经典模型进行估计的，因为如果数据不平稳，那么将会出现虚假回归等问题。

第二步，对方程（6-24）中的变量进行协整分析，发现变量之间的协整关系并估计协整向量（即长期均衡关系参数）。以本节背景为例，协整的定义如下：如果序列 $\mathbf{X}_i = \{PB_{it}, r_{it}^e, Eg_{it}, por_{it}\}$ 都是 d 阶单整的，而且存在向量 $\boldsymbol{\alpha}_i = (\alpha_{0i}, \alpha_{1i}, \alpha_{2i}, \alpha_{3i})$，使 $\boldsymbol{\alpha}\mathbf{X}_i'$ 服从 I(d, b) 过程，其中 b > 0，则认为序列 $\mathbf{X}_i$ 是 (d, b) 阶协整的，$\boldsymbol{\alpha}_i$ 为协整向量。如果两个变量都是单整的，只有当它们的单整阶数相同时，才可能协整；如果它们的单整阶数不同，就不可能协整。对于三个及以上的变量，如果具有不同的单整阶数，仍然有可能经过线性组合构成低阶单整变量。(d, b) 阶协整是一类非常重要的协整关系，它的经济意义在于：虽然变量各自具有其长期波动规律，但是如果它们是 (d, b) 阶协整，则它们之间存在一个长期稳定的比例关系。如果变量之间存在协整关系，那么我们就可以采用经典普通最小二乘法建立回归模型。

在考察变量之间的协整关系之前，我们通常需要考察各变量的单整性。对于两个变量的模型，如果两个变量单整阶数相同，就可以用普通最小二乘法估计长期均衡关系方程，得到其残差序列。再用 DF 检验或者 ADF 检验考察残差序列的单整性，如果是平稳的，那么两个变量间存在协整关系。这就是 Engle 和 Granger（1987）提出的两步检验法，也称为 E-G 检验。对于三个及以上变量的模型，协整检验过程与两个变量的情形相似。先检验变量是否具有同阶单整性以及是否存在稳定的线性组合。在检验线性组合关系时需要设置因变量和自变量，原则上建议设置方式与式（6-24）保持一致。如果残差不平稳，可以更换因变量。当所有变量都被作为因变量检验仍然得不到平稳的残差序列时，则认为这些变量之间不存在（d，b）阶协整。多变量协整关系的检验通常被称为扩展的 E-G 检验。

第三步，确定短期模型，并估计误差修正模型。选择短期模型（6-25）的滞后阶数。对样本中的每一个公司采用自回归分布滞后模型（Auto-Regressive Distributed Lag，ARDL）进行回归，基于 AIC 或者 BIC 准则，确定合适的滞后阶数。基本做法是，不断增加模型等号右边各变量的滞后阶数，同时观测 AIC 或者 BIC 值，尽量选择变量显著且 AIC 或者 BIC 值最小的方程。确定模型的滞后阶数后就得到了短期模型，可将第二步长期均衡关系方程（6-24）的残差项作为非均衡误差项加入到误差修正模型中，并用普通最小二乘法估计相应的参数。

第四步，模型预测。将要拟预测时期（假定为第 T 期）的前一期（即第 T-1 期）的各变量输入第二步中的回归方程，计算关于长期均衡点的偏差。将短期偏差和相关数据输入第三步的误差修正模型，得到拟预测时期的短期波动 $\Delta \widehat{PB}_{iT}$。然后将拟预测时期前一期的因变量实际值 PB_{T-1} 加上短期波动 $\Delta \widehat{PB}_{iT}$，就得到了第 T 期市净率的预测值 $\widehat{PB}_{iT}$。利用预测值 $\widehat{PB}_{iT}$ 和当期的实际值 PB_{iT}，我们就可以构建第 T 期的相对价格因子 $MPB_{iT} = (\widehat{PB}_{iT} - PB_{iT})/PB_{iT}$。

以上我们只是简要地介绍了动态模型估计基本原理与过程，并没有深入考察时间序列统计中的专业术语和方法。感兴趣的读者可以阅读李子奈和潘文卿（2015）第 5 章及 Greene（2017）第 20 章和第 21 章的内容。其中涉及的工具已经得到广泛使用，几乎所有流行的计量经济学或统计学软件都能实现这些功能，R 和 Python 中也提供了大量的相关包和函数，因此，这里不再详细陈述。

以上介绍的估计方法需要对每一个企业进行估计，而且选择模型的参照准则是最大化拟合优度和模型变量显著性水平。但是在实际进行量化投资模型开发时，股票池中可能包含数以千计的企业，计算和维护模型的成本会比较高昂。而且量化投资模型主要用于预测股票收益率，那么选择模型的依据也应当最大化预测能力。因而，我们可以采用其他方法对模型进行改进。比如，在选择短期模型时可以根据其预测能力确定滞后阶数，或者在估计长期模型和误差修正模型时采用异质性面板模型，甚至用机器学习的方法将这两种改进相结合。

6.6 基于相对估值模型的基本面量化路径

到目前为止，我们已经完整地介绍了构建基于相对估值的基本面量化模型的主要部件，要实现基本面量化投资，还需要将它们逐一组装起来。以下是一个基于相对估值的基本面量化模型的构建步骤。

第一步，调整财务报表，将原始的会计信息转化为估值信息。这是构建任何基本面量化投资模型的首要步骤，因为会计报表的基本原则与价值评估的基本原则具有非常大的差异。比如，我们需要将广告费用、研究费用资本化，将经营租赁的应付租金债务化，以调整各期的利润、资本价值和资本结构。采用相对估值模型时必须注重可比性原则和一致性原则。比如采用市销率，对于每一个公司的市销率定义和计算过程必须完全相同，否则该估值倍数在公司之间是不可比的。另外，由于市销率表达式分子和分母对应的索取权属性不一样，因此，在构建模型估计公允的市销率时还至少必须控制公司间的资本结构差异。具体过程我们不再详述，读者可以回到本书第 2 章和第 4 章查看相关的内容。

第二步，确定初始的股票池。选择股票池的方法与传统多因子模型相似，但是有两个方面的调整。一是如果采用本书推荐的分位数回归法而不是经典普通最小二乘法，那么不需要太多注重极端值的影响，在模型中可以不用排除这些股票。二是由于市场上很大部分的公司并不创造股东价值，如果是采用比较保守的投资策略，那么，可以采用6.3阐述的方法剔除掉不创造价值或者预期未来不会创造价值的股票，将股票池限定在真正具有价值的范围。

第三步，选择、构建和调整收益率模型。本书的一个重要贡献是，跳出以往量化模型将价格和价值相分离而产生的"价值陷阱"，通过一系列的模型与指标将价格和内在价值紧密融合，进而识别和选择真正价低值高的股票。本章提供了两类基于相对估值的模型方法，我们可以任选其一或者将两者相结合来选择股票。如果采用静态相对估值模型来构建量化投资模型，需要结合调仓周期来构建相对价格因子。如果调仓周期比较长，由于价格中体现内在价值的成分较多，估计公允的价格倍数或者公允价格时要尽量采用精简的模型，不必要放入太多的控制变量。如果调仓周期比较短，价格中包含的非内在价值成分较多，估计公允价格倍数和公允价格时需要适当考虑更多的控制变量。当调仓周期特别短，如每月调整一次时，那么甚至可能需要包含一些市场因素；当整个市场发生偏离时，静态估值模型具有较大的局限性，可以采用动态相对估值模型来构建量化投资模型，或者将静态和动态模型相结合，用静态模型在横截面上筛选相对于可比公司而言被低估的股票，用动态模型筛选在时间序列上筛选相对自身历史时期而言被低估的股票。

由于我们构建的相对价格因子并没有考虑股东价值创造，如果在确定股票池时没有排除掉价格损害型的股票，那么需要参照本章6.3的方法构建价值创造因子，将其纳入量化投资模型。

此外，相对价格因子本身的特征还会限制可以筛选的股票的范围。比如采用市盈率，就将原始股票池限定在利润为正的企业范围内，因此，我们还需要对模型本身进行选择。在选择变量、度量变量的指标以及设置参数时，比如在选择资本成本和设定动态相对估值模型中的滞后项时，模型构建者也有很大的自由裁量权。这两方面的原因使模型构建者在选择、构建和调整模型时，需要遵循一定的标准，如模型的稳健性、无偏性与预测能力等。与这些标准相关的模型选择、参数调整以及改进模型的方法与第7章所述的内容相同，读者可以跳到该章进行详细的了解。

最后，在利用收益率预测模型选股之后，还需要结合风险模型构建资产组合，进行投资实践和归因分析，然后再基于业绩和归因分析进一步选择、构建和调整模型，如此往复循环。

本章小结

本章基于价值创造观和相对估值模型，系统地呈现了如何合理构建基于相对估值的基本面量化模型。

首先，为了便于读者全面理解基本面量化投资模型，以多因子模型为基础系统介绍了量化投资模型的基本框架。基本面量化投资模型主要包含四个部分，即收益率模型、风险模型、投资组合优化和业绩归因。收益率模型是基本面量化投资的核心，也是获取超额收益的关键环节。

其次，本章介绍了传统多因子模型中存在的两类"价值陷阱"：一类是由于模型考虑的是陷入财务困境风险，而不是价值损害的风险，这导致传统基本面量化模型不能识别真正具有价值的股票；另一类是由于分开使用相对价格因子和内在价值因子，而不是直接控制相对价格因子的基本面决定因素。为了解决第一类"价值陷阱"，本章从价值创造观的视角，提供了识别价值创造和价值损害的方法，并构建了一个价值创造因子。为了解决第二类"价值陷阱"，本章构建了两种基于相对价值评估模型的相对价格因子：第一种是基于静态相对估值模型的相对价格因子；第二种是基于动态相对估值模型的相对价格因子。两种相对价格因子能够分别从横截面的角度和时间序列的角度识别真正便宜的股票。两种相对价格因子可以独立使用，也可以相结合使用，当整个市场定价有偏的时候，建议采用动态的相对价格因子，基于股票自身历史信息来选择股票。我们还系统地介绍了两类价格因子的构建方法，在构造静态相对价格因子时，我们推荐采用更加优越的分位数回归方法。

最后，我们将这些元素整合起来，提供了基于价值创造观和两类相对估值模型构建基本面量化投资模型的具体路径。

7

基于内在价值评估的基本面量化投资模型

    基本面量化投资模型的核心是批量化地寻找市场价格低于其内在价值的股票。在第 6 章，我们系统地介绍了基于相对估值的基本面量化投资模型。其基本原理是，寻找市场价格低于可比公司隐含的公允价格的股票。当整个市场的评价平均而言有偏的时候，基于相对估值来选股就可能产生误导性的结果。尽管在第 6 章也提供了一种动态相对估值的方法来应对这一情形，但我们仍然认为不够直接、有效。

    本章基于内在价值评估模型来建立基本面量化投资模型，试图批量化地实现股票市场价格与其内在价值的对比。从投资的角度来说，这种模型极具优越性，因为它能直接跨越传统多因子模型的"价值陷阱"，也不会受到整个市场评价的影响。

    本章主要内容如下：7.1 介绍了如何构建用于基本面量化的静态的内在价值评估模型；7.2 和 7.3 系统地说明如何构造用于基本面量化的动态的内在价值评估模型；7.4 主要讨论选择、评估以及调整模型的基本原则和方法；7.5 完整地呈现了基于内在价值评估模型构建基本面量化投资模型的实践路径；最后是本章小结。

$\boxed{7.1}$ 静态内在价值评估模型的基本面量化

本书已经在第3章以一个折现现金流模型的基准框架深入介绍了内生价值评估模型。为了与7.2和7.3建立的模型相区分，我们将这些模型称为静态的内在价值模型，因为模型中下一期的多数变量是外生设定的，而不是由管理者基于上一期变量和决策目标内生决定的。换句话说，就是单从每一期来看，模型中的变量都是静态的。经济学领域通常用"外生"和"内生"两个词来区别这两种情况，但由于两方面的原因，这里仍用静态和动态来区分。一方面，价值评估模型的主体是不稳定的微观企业，变量的完全内生化将大幅降低模型的预测能力，因此，模型中的一些重要变量（如增长率和折现率等）的设定仍然需要外部信息。另一方面，本书第6章采用静态和动态来区分两类相对估值模型，为了保证全书行文的一致性，这里也采用类似的方式。

📖 7.1.1 静态内在价值评估模型的基本原理

内在价值评估模型估计的是股票的真实价值，而非市场价格。其基本原理是，将企业在本期及预测的所有期产生的现金流折现到当前的价值上作为其真实价值，因为人们购买资产的一个重要原因是打算收获这些资产未来产生的现金流。从所有权属性来看，内在价值评估模型可以分为两类，即评估股东权益价值的模型和评估股权与债权价值之和的模型。由于本章的主要目的是构建量化的股票投资模型，因此，我们将范围局限于前者。

计算股票内在价值的标准折现现金流模型可以表示为：

$$V_0 = \sum_{t=0}^{n} \frac{CFE_t}{\prod_{i=1}^{t}(1+r_i^E)^i} + \frac{TVE_n}{\prod_{i=1}^{n}(1+r_i^E)} \tag{7-1}$$

其中，V_0 表示在第0时刻股票的内在价值；n 表示预测年限；r^E 表示折现率，通常采用权益资本成本；CFE_t 表示与股票价值相关的权益现金流，比如预期股利、预期可支付股利以及预期权益自由现金流等；TVE_n 表示与股票价值相关的权益终值。这类模型的一个弊端在于，终值对估值的影响很大，但是终值本身的计算并不足够严谨。

如果基于价值创造观，采用剩余收益模型，那么股票的内在价值可以表示为：

$$V_0 = BVE_0 + \sum_{t=1}^{\infty} \frac{RI_t}{(1+r_e)^t} = BVE_0 + \sum_{t=1}^{\infty} \frac{NI_t - r_e \times BVE_{t-1}}{(1+r_e)^t} \quad (7\text{-}2)$$

其中，r_e 表示股东要求的回报率；$RI_t = NI_t - r_e \times BVE_{t-1}$ 是剩余收益，等于净利润减去权益资本成本。基于价值创造观的模型，除了剩余价值模型外，还有经济增加值模型等。但是剩余价值模型具有其独特的优势，即其不会太过强调会计信息与估值信息之间的差异。因此，如果必须选择的话，基于剩余价值模型来构建基本面量化模型是一个更好的选择。

📖 7.1.2 用于量化和用于估值的内在价值评估模型的区别

第 3 章介绍了很多类可以用于评估股东权益（股票价值）的静态内在价值模型，比如股利折现模型、可支付股利折现模型、权益自由现金流模型、经济增加值模型以及剩余收益模型等。如果再依据不同的增长模式来划分，将会得到无数种模型。以股利折现模型为例，包含恒定增长率的 Gordon 模型、基于股利增长渐变的 GROW 模型以及基于权益收益和股息支付率渐增的 ROPE 模型（Roeff，1990）。原则上来讲，我们可以基于任意一种模型来构建基本面量化投资模型。

通常，内在价值评估模型的作用是精确地估计资产的真实价值，以便于交易支付的价格接近该真实值。但是基本面量化投资模型的基本作用是，批量化地选择"物美价廉"的股票以赚取买卖价差，因此，选择和构建用于量化投资的内在价值评估模型的着重点也不一样。

构建用于量化投资的内在价值评估模型的第一个着眼点是预期股票的未来收益，即强调股票价格的预测能力，而不是精确地估值。从技术上来讲，只需要股票的市场价格估计值与其真实的内在价值在一个方向上，并尽可能地接近真实价值就具备预测能力。因此，对用于量化投资的内在价值模型的精确性要求会适当偏低。这与7.4中的精确性原则紧密相关。

第二个着眼点是模型适用的范围要尽量地广。因为内在价值评估模型的构建成本和维护成本比相对价值评估模型要高，因此，从节约成本的角度考虑，建立模型时应当更加注重其适用范围。这涉及7.4中的稳健性原则。而在评估单个企业内在价值的时候，股利分析师通常会结合企业和行业特征尽量为每个企业量身定做一个模型。

第三个着眼点是要尽量避免模型构建者的主观情绪干扰。用内在价值评估模型构建量化投资模型，要注意消除内在价值确定过程中以及随后买入或者卖出时的感情影响和羊群效应。排除模型构建者的主观情绪干扰后，才有利于发现股票被系统高估或者低估的情况，以及当前股票价格正常的极限范围，从而回避价格泡沫。当然，在一些特殊情形下，模型也不能过分阻止构建者对其进行数据输入。因此，构建模型需要在客观性和灵活性上做出权衡。

📖 7.1.3 一个基于股利折现模型的例子

基于静态内在价值评估模型的基本面量化模型在业界并不太常见，这里以Robert 和 Rawley（2009）为例说明其制模过程。

Robert 和 Rawley（2009）使用三种特殊的股利折现模型来初步地制模：①恒定增长率模型，即 Gordon 模型；②股利增长渐变的模型，即 GROW 模型；③权益收益和股息支付率渐变的模型，也称为 ROPE 模型。这三类模型适用的范围不同。恒定增长率的 Gordon 模型，仅评估股利为正且预期增长率低于折现率的股票；GROW 模型根据一个基础股利来确定下一期的股利，因此，能够评估股利为正的股票；而 ROPE 模型可以让初始的留存收益为 1，不必要求股利一定为正，但要求股票有明确的具备一定保持率的利润。

Gordon 模型设定一个恒定的增长率，其公式为：

$$V_0 = \frac{Dvd_1}{r^e - g^d} \tag{7-3}$$

其中，V_0 表示在基期，即第 0 时期的股票的内在价值；Dvd_1 是第一年的股利；r^e 是权益资本成本；g^d 是预期的股利增长率，被设定为恒定的。由于采用恒定的增长率，也被称为单相模型，此类模型假设企业处于生命周期的成熟阶段且外部环境稳定。

GROW 模型和 ROPE 模型是多相模型。在多相模型中，假设存在一个现金流高速增长的阶段、一个现金流增长率下降的渐变阶段（也称为趋于平均值的阶段）以及一个现金流恒定增长的最后阶段。多相模型的灵活性来自于模型制定者能够根据经验判断，并结合模型测试环节对三个阶段进行调整。

GROW 模型和 ROPE 模型之间的主要区别在于现金流增长模式的不同。在 GROW 模型中，增长率是依照下列公式完全以直线降低至最终的增长率：

$$\Delta g^d = \frac{g_3^d - g_1^d}{n_2} \tag{7-4}$$

其中，Δg^d 是股利增长率的年度变化量；g_3^d 是第三阶段的恒定增长率；g_1^d 是第一阶段的初始增长率；而 n_2 是第二阶段的时长。

ROPE 模型增长率衰减模式依赖于权益收益率（ROE）和留存收益率（RR）的变动。股利取决于初始权益账面价值、权益收益率和留存收益率这三个元素，因此，可以通过设定权益收益率和留存收益率的变动模式，来得到股利增长率的变动模式。在 ROPE 模型中，权益收益率和留存收益率的变动模式如下：

$$\Delta ROE = \frac{ROE_3 - ROE_1}{n_2} \tag{7-5}$$

$$\Delta RR = \frac{RR_3 - RR_1}{n_2} \tag{7-6}$$

其中，ΔROE 和 ΔRR 分别表示权益收益率和留存收益率的年度变化量；ROE_3 和 RR_3 分别表示两者在第三阶段的值；ROE_1 和 RR_1 分别表示两者在第一阶段的值；n_2 表示第二阶段的时长。值得注意的是，在这个变化过程中，股利不一定是一直下降的，中间某些时期可能出现短暂上升的情形。

输入参数后，利用这三个模型就可以计算出股票的内在价值。但是在最终的基本面量化模型中，这三个模型并非都能被采用，还需要根据 7.4 中模型选择与参数调整的原则和方法选择最终的模型和确定最终采用的参数。

7.2 动态内在价值评估模型的基本原理

从建模的角度来说，动态模型可以分为连续时间的动态模型和离散时间的动态模型。连续时间模型在数学表达上更加优美，而离散时间模型却更加直观，也更加便于理解。除了对时间形式的处理不同，两者在本质上没有太大的区别。本书主要采用离散时间的动态模型。由于建模及分析过程略微复杂，尤其是模型求解过程会涉及比较高深的数学和计算机知识，因此，动态的内在价值评估模型并不常见。目前的研究大部分集中在离散时间的动态投资模型。Lazzati 和 Menichini（2018）在这个领域做出了开拓性的贡献，他们利用离散时间的动态投资模型，构建了一个股利折现模型评估美国上市公司的内在价值，取得了超越以往绝大多数文献的效果。我们先以一般形式介绍动态内在价值评估模型的基本原理，然后再以 Lazzati 和 Menichini（2018）为例介绍如何将内在价值评估模型用于构建基本面量化模型。

7.2.1 动态内在价值评估模型的基本构成与特征

动态内在价值评估模型主要源自于公司金融领域的离散时间动态投资模型。在学界，离散时间动态投资模型被广泛用作了解动态融资决策的基础。离散时间动态投资模型包含四个构建块：外生随机变量、控制变量、目标函数以及一组可通过控制变量进行调整的内生状态变量。外生随机变量，通常是对企业利润的冲击，它们可以解释为需求冲击或生产力冲击，也有可能给生产成本（Riddick and Whited，2009）或融资成本（Jermann and Quadrini，2012）带来进一步的冲击。控制变量，是管理层进行决策调整的变量，它和外生随机变量一同影响内生的状态变量；目标函数，通常是股东价值（即流向股东的现金流量的预期现值）最大化。内生状态变量，经常包括当前资本存量、劳动力、流动资产存量或债务存量，这些变量受到控制变量和外生随机变量的影响。

相对于内在价值评估的静态模型，动态模型主要有三个方面的优点。第一，动态模型的假定更少，也更加符合实际。动态模型主要有两个基本的假定，即最大化股东价值或者公司价值的目标函数和管理者是理性的。学界除少数考察公司治理中的委托代理问题的研究外，绝大多数动态价值评估模型都假定管理者的最优化目标是最大化股东权益价值。当今多数公司实行的股权激励政策，能够使管理者与股东的利益具有一致性，因而，最大化股东利益的假定基本符合多数公司的情形。公司治理的现代化以及很多关于决策的制度通常能够在很大程度上降低公司管理层非理性决策的程度。这两个假定贴合实际的特征，使动态模型参数设置比静态模型容易得多，直接使用公司财务报表上的数据，就可以获得相当优越的结果。而静态模型则需要对每一个参数做出审慎的选择和调整。第二，动态模型的设定具有较大的自由度，能够提供更多的融资选择。公司可以通过债务、现金、股本增加和削减股利融资等方式进行决策，然而这些决策又能进一步影响资本成本和公司的风险。在动态模型中，投资是与融资变量一起在内部选择的，因此，可以考察实际决策与财务决策之间的相互作用，以及其最终对经营效果和企业价值的影响。第三，动态模型可以通过引入外生的随机冲击刻画外部环境对公司内部决策、经营效果以及企业价值的影响。因此，相对静态模型而言，动态模型不仅更加贴合实际，能够很好地刻画企业的关键特征，在模型制定上也具有更大的自由度。而静态模型中的假定大多数是主观设定的，企业的行为也仅仅遵循一些简单机械的方式，这些常常成为内在价值模型的批评者们的主要攻击点。

7.2.2 动态内在价值评估模型的基本框架

我们基于折现现金流模型建立一个内在价值评估的基准分析框架，并阐释这种模型背后的财务经济学直觉，为读者理解下述例子和构建符合自身需要的动态内在价值评估模型奠定坚实的基础。

假定企业的管理者是风险中性的，以最大化股东利益为决策目标。股东的利益可以用预期未来现金流来表示。记 t 时期相关的现金流为 $c_t(x_t, u_t, z_t)$，它可以是实际支付的股利、可支付股利、权益自由现金流或公司自由现金流，但如果是公司自由现金流，那么可能要求管理者的目标是最大化公司价值而不是股东价值。x_t 表示状态变量，可以包含资本存量、劳动力、流动资产存量以及债务存量等。u_t 是一系列的控制变量。z_t 是一个独立同分布的随机变量，可以代表对状态变量的外生随机冲击，如利润冲击、需求冲击或者生产冲击等。假定对于任意的 t，这些随机变量的累计概率分布函数为 $\text{Prob}\{z_t \leq z\} = F(z)$。如果记 $\beta \in (0, 1)$ 为贴现因子，那么管理者的决策目标就是选择一个无限控制序列 $\{u_t\}_{t=0}^{\infty}$ 以最大化股东权益的现值，可以描述为以下问题：

$$
\begin{cases}
E_0\left[\sum_{t=0}^{\infty}\beta^t m[c_t(x_t, u_t)]\right] \\
\text{s. t.} \\
x_{t+1} = g(x_t, u_t, z_{t+1}),\ 且\ x_0\ 给定
\end{cases}
\tag{7-7}
$$

其中，$E(\cdot)$ 表示在给定 t 时期的条件期望。在 t 时期，x_t 被假定为已知，但是 $x_{t+j}(j \geq 1)$ 在 t 时期是未知的。在对 t 时期的 u_t 做出选择后，t+1 时期的 z_{t+1} 才被认识到。$m(\cdot)$ 表示关于每期现金流的效用函数。如果管理者只关心各期现金流的折现值之和，那么可以设置 $m[c_t(x_t, u_t)] = c_t(x_t, u_t)$，此时一些时期的现金流可以为负，如果为负，那么可能意味着新的股本的注入。如果管理者要求每一时期的现金流量必须大于零，那么可以设置 $m[c_t(x_t, u_t)] = \ln[c_t(x_t, u_t)]$。此时，对数函数的特性使当现金流接近零时，边际效用趋近为负无穷。为了保证收敛性和便于求解，假定 $m[c_t(x_t, u_t)]$ 是凹函数，并且 $\{(x_{t+1}, x_t), x_{t+1} \leq g_t(x_t, u_t, z_t), u_t \in R^k\}$ 是凸紧集。

动态内在价值评估模型通常被设定为无限期的问题。求解此类模型看起来困难重重，因为似乎有必要选择无限数量的元素。但是如果假设外生状态变量服从马尔可夫过程，则可以大大简化问题。如果外生的随机状态变量遵循马尔

可夫过程，那么其当前值将捕获其整个历史记录信息。此时，就可以仅使用两个函数来求解模型：第一个是值函数，这是一个规则，该规则将股票价值指定为当前外生状态变量和内生状态变量的函数；第二个是策略函数，这也是一个规则，用于根据当前外生状态变量和内生状态变量决定下一时期的控制变量。

求解问题（7-7）一般采用动态规划的方法。动态规划寻找一个满足方程 $x_{t+1}=g(x_t, u_t, z_{t+1})$ 的"策略函数" $u_t=h(x_t)$ 来最大化表达式（7-7）。要找出策略函数 h，我们需要知道一个从任意初始条件 $x_0 \in X$，其中 X 表示可供选择的状态变量空间，开始并显示了原来问题的最优值的函数 $V(x)$，此函数被定义为值函数。特别地，定义：

$$V(x_0) = \max_{\{u_t\}_{t=0}^{\infty}} E_0 \left[\sum_{t=0}^{\infty} \beta^t m[c_t(x_t, u_t)] \right] \tag{7-8}$$

其中，最大化问题满足约束 $x_{t+1}=g(x_t, u_t, z_t)$，x_0 是给定的。当然，在我们解决问题之前，不可能预期 $V(x_0)$ 是已知的。一旦我们知道 $V(x_0)$，则策略函数 h 能够通过对每一个 $x \in X$ 求解下列问题而计算出来：

$$\max_u \{c(x, u, z) + \beta V(\tilde{x})\} \tag{7-9}$$

其中，最大化满足 $\tilde{x}=g(x, u, z)$，x 给定，并且 $\tilde{x}$ 表示下一期的状态变量。于是，我们已经把找到一个最大化式（7-8）的无限期控制序列的原始问题转化为寻找无穷多个形式如式（7-9）的最大化问题的最优值函数以及函数 h 的问题——对每一个 x 的值，都有一个最大值问题。我们的任务变成，求解以下贝尔曼方程（Bellman Equation）：

$$V(x) = \max_u \{m[c_t(x, h(x), z)] + \beta E[V[g(x, h(x), z)]|x]\} \tag{7-10}$$

以上方程是关于一对未知数 $V(x)$ 和 $h(x)$ 的一个泛函方程。

📖 7.2.3 动态内在价值评估模型的求解

求解问题（7-10）主要有三种方法：值函数迭代法、猜测证明法以及霍华德改进算法。我们简要介绍这三种方法。

值函数迭代法，也常常被称为贝尔曼方程迭代法。它通过构建一系列的值函数以及相关策略函数来进行。这一系列函数通过迭代以下方程来建立，迭代开始于 $V_0=0$，并一直进行到 V_t 收敛：

$$V_{t+1}(x) = \max_u \{ m[c_t(x, u, z)] + \beta V_t(\tilde{x}) \} \qquad (7\text{-}11)$$

且满足条件 $\tilde{x}=g(x, u, z)$，x 给定。

猜测证明法，是通过猜测方程（7-10）的解，并加以证明。此方法基于此方程的解是存在且唯一的，但由于这种方法依赖于做出准确猜测的运气，而且在实践中大多数动态规划问题是没有显示解的，因此，它并不是普遍可行的。

霍华德改进算法，是一种策略函数的迭代算法。该方法主要包含三个步骤：

第一步，选择一个可行的策略 $u = h_0(x)$，并计算与永久采用该策略相关联的值：

$$V_{h1}(x) = E_0 \left\{ \sum_{t=0}^{\infty} \beta^t m[c_t(x_t, h_j(x_t), z_t)] \right\} \qquad (7\text{-}12)$$

其中，$x_{t+1}=E_t\{g[x_t, h_j(x_t), z_t]|x\}$，$j=0$。

第二步，寻找一个新的策略 $u=h_{j+1}(x)$，对于每一个 x，它都可以解决如下的二期问题：

$$\max_u \{ c(x, u, z) + \beta E[V[g(x, u, z)]|x]] \} \qquad (7\text{-}13)$$

第三步，关于第一步和第二步直至收敛。这种方法的优势在于，其收敛速度一般快于值函数迭代方法。

更加详细的关于动态规划问题的求解方法参见 Ljungqvist 和 Sargent（2012）及龚六堂和苗建军（2014）的相关章节。

如果能够通过以上方法求解出问题（7-7），就能够得到未来预期现金流，并据此计算出公司价值或者股东权益的价值。如果是公司价值，那么再减去债务的价值就得到股东权益的价值。如果是股东权益的价值，就可以直接计算出股票的内在价值。有些时候，问题（7-7）并没有显示解，即我们不能找到解的具体函数形式，那么，这时候我们就需要进行数值逼近。

（7.3）一个动态可支付股利模型的例子

为了进一步解释动态内在价值评估模型以及如何将其用于构建基本面量化投资模型，接下来，我们以 Lazzati 和 Menichini（2018）为例，进行详细的考察。

📖 7.3.1 模型背景与假定

假定公司是可持续经营的，公司的管理者决定投资、劳动与融资行为，管理者的目标为最大化公司的股东权益。为了简便，先不在公式和字母中标识个别公司，这在参数化之前也不会引起误会。采用柯布-道格拉斯（Cobb-Douglas）形式的营业利润函数，形式如下：

$$GP_t = z_t K_t^{\alpha_K} L_t^{\alpha_L} \tag{7-14}$$

其中，GP_t 表示公司的营业利润；z_t 是一个随机过程，表示外生的利润冲击；K_t 表示投入的资本；L_t 表示投入的劳动；$\alpha_K \in (0, 1)$，$\alpha_L \in (0, 1)$，分别表示营业利润对于资本和劳动投入的弹性，它们满足 $\alpha_K + \alpha_L \leq 1$。企业增长来自于规模扩张和随机的效率提升。

假定利润冲击 z_t 是一个对数形式的均值回归 AR（1）过程，其表达式为：

$$\ln(z_t) = \ln(c) + \rho\ln(z_{t-1}) + \sigma\varepsilon_t \tag{7-15}$$

其中，c 是利润冲击的长期均值，衡量由公司治理和投入质量（如资本和劳动力的质量）等引起的企业间的效率差异；$\rho \in (0, 1)$ 是自回归系数，代表上一期利润冲击的影响，度量了利润冲击的持续性；ε_t 是随机误差项，假定它在时间序列上服从标准正态的独立同分布，或者说它是一个白噪声序列；σ 是一个常数，度量了利润的波动性。

我们采用直线折旧方式，每一期折旧为现有资本存量的一定比例。在每一个时期，投资由管理者决定，其表达式为：

$$I_t = K_t - (1 - \delta)K_{t-1} \tag{7-16}$$

其中，I_t 表示当期投资，$\delta \in (0, 1)$ 表示每一期的折旧比率。

为了简便，假定公司债务都是单期的，即在每一期期初发行，在期末偿还本金并支付利息。假定债券按照票面利率发行，这意味着债券的账面价值等于市场价值。记 t 时期发行在外的债务总额为 D_t，则公司的杠杆率 $lv_t = D_t/K_t$。记公司债务成本为 r_t^D，则当期应支付利息为 $r_t^D D_t$。如果公司资不抵债，公司将会面临破产。假定破产成本为 ξK_t，其中 $\xi \in (0, 1)$，用于法律诉讼和资产清算等。每一期公司的运营成本为 oK_t，其中 $o>0$。简便起见，将工资率标准化为 1，那么公司的劳动力成本为 L_t。假定公司的有效税率为 $\tau_t \in (0, 1)$。公司的净利润 NI_t 可以表示为：

$$NI_t = (GP_t - oK_t - \delta K_t - L_t - r_t^D D_t)(1 - \tau_t) \tag{7-17}$$

进一步地，公司的可支付股利 AD_t 可以表示为：

$$AD_t = NI_t - [(K_{t+1} - K_t) - (D_{t+1} - D_t)] - \theta \xi K_t \tag{7-18}$$

其中，$(K_{t+1}-K_t)$ 表示公司的再投资额，$(D_{t+1}-D_t)$ 表示净债务变化额；$\theta \xi K_t$ 是一个或有的破产成本，θ 是一个二值函数，其表达式为：

$$\theta = \begin{cases} 1, & \text{if } NI_t + K_t - D_t < 0 \\ 0, & \text{if } NI_t + K_t - D_t \geq 0 \end{cases} \tag{7-19}$$

如果公司破产，则 θ 取 1；反之，则取 0。式（7-18）的含义是，企业的收入减去成本和再投资需求，就是可支付股利。

📖 7.3.2 管理者的决策问题

假定公司的目标是最大化权益价值。记公司的权益资本成本为 r_t^S。因此，管理者的决策问题可以描述为，在给定初始的资本、劳动和债务水平（K_0，L_0，D_0），外生的折现率、运营成本比率、债务成本、权益资本以及税率（δ，o，r_t^D，r_t^S，τ_t）的前提下，选择资本、劳动和债务路径，即 $\{K_t, L_t, D_t\}_{t=1}^{\infty}$，以最大化可支付股利的现值。公司管理者的目标可以描述为：

$$V(K_0, L_0, D_0, z_0) = \max_{\{K_t, L_t, D_t\}_0^{\infty}} \left\{ 0, E_0 \left[\sum_0^{\infty} \frac{AD_t}{\prod_{j=0}^{t}(1 + r_j^S)} \right] \right\} \quad (7-20)$$

📖 7.3.3 模型求解

值得庆幸的是，这个模型比较简单，具有显示解。但即便如此，求解过程也十分需要技巧性。我们通过以下三个步骤求解问题（7-20）。

第一步，选择期内的生产要素的最优配置。在任意的 t 时期，对于任意给定的资本存量 K_t，企业最大化营业利润的过程要求企业资本和劳动的边际报酬相等，这意味着 $L_t = (\alpha_K/\alpha_L) K_t$。

第二步，选择最优资本结构。由于 $NI_t + K_t - D_t$ 企业的净资产是关于债务资本比率 lv 的单调递减函数，因此，存在一个唯一的 ε_c，使 $NI_t + K_t - D_t - \xi K_t = 0$。可以求得企业的最优杠杆比率为：

$$lv_t^* = \frac{1 + \left(z_t \left(\frac{\alpha_L}{\alpha_k} \right)^{\alpha_L} K_t^{\alpha_k + \alpha_L - 1} - o - \delta - \frac{\alpha_L}{\alpha_k} \right)(1 - \tau_t) - \xi}{1 + (1 - \tau_t) r_t^D} \quad (7-21)$$

第三步，将前两步的结果代回问题（7-20），并采用猜测证明的方法求解问题。这个过程比较复杂，这里并不介绍其细节过程，直接呈现结果，感兴趣的读者可以阅读 Lazzati 和 Menichini（2018）附录中的相关内容。不过有趣的是，他们的求解过程有细微的错误，为了谋求显示解，他们强行将增长率设置为外生，但总的来说对结果影响不大，且模型最终的预测效果较好。最后，求解出来股票的内在价值可以表示为：

$$V(K_t^*, L_t^*, B_t^*, z_t) = \left[(1+g)^{(1-\alpha_K-\alpha_L)t} z_t K_t^{*\alpha_K} L_t^{*\alpha_L} - (o+\delta+r_t^D lv^*) K_t^* - L_t^* \right](1-\tau_t) +$$
$$(1-lv^*) K_t^* + M(z_t) H^* \quad (7-22)$$

其中：

$$M(z_t) = e^{-0.5\sigma^2(1-\alpha_K-\alpha_L)^{-2}(\alpha_K+\alpha_L)} \left\{ \sum_{s=1}^{\infty} (1+g)^s (1+r_A)^{-s} E[z_{t+s} | z_t] \right\};$$

$$E[z_{t+s} | z_t] = c^{(1-\rho^s)(1-\rho)^{-1}} z_t^{\rho^s(1-\alpha_K-\alpha_L)^{-1}} e^{-0.5\sigma^2(1-\alpha_K-\alpha_L)^{-2}(1-\rho^{2s})(1-\rho^2)^{-1}};$$

$$H^* = (\phi_1^{*\alpha_K}\phi_2^{*\alpha_L} - (o+\delta)\phi_1^* - \phi_2^*)(1-\tau_t) + [(1+r_t^A)(1+r_t^D)^{-1}(r_t^D\tau_t lv_t^* - \lambda^*\xi) - r_t^A]\phi_1^*;$$

$$K_{t+1}^* = (1+g_t)\phi_1^*\{E[z_{t+1}|z_t]\}^{\frac{1}{(1-\alpha_K-\alpha_L)}}, \quad L_{t+1}^* = (\alpha_K/\alpha_L)K_{t+1}^*;$$

$$\phi_1^* = \left[\alpha_K^{1-\alpha_L}\left(\frac{r_t^A}{1-\tau_t}+o+\delta\right)^{\alpha_L-1}\alpha_L^{\alpha_L}\right]^{\frac{1}{(1-\alpha_K-\alpha_L)}}, \phi_2^* = \left[\alpha_K^{\alpha_K}\left(\frac{r_t^A}{1-\tau_t}+o+\delta\right)^{\alpha_K}\alpha_L^{1-\alpha_K}\right]^{\frac{1}{(1-\alpha_K-\alpha_L)}};$$

$$\lambda^* = \int_{-\infty}^{x_c^*}\frac{1}{\sqrt{2\pi}}e^{-0.5z^2}dz, \quad x_c^* = -\sigma - \sqrt{2\left\{\sigma^2 + \ln\left[\frac{\xi+\xi(r_t^D)^{-1}(1-\tau_t)^{-1}}{\sqrt{2\pi}\tau_t\sigma\phi_1^{*\alpha_K-1}\phi_2^{*\alpha_L}}\right]\right\}}。$$

r^A 表示加权资本成本。式（7-21）等号右边前两项之和表示当前资产的价值，而 $M(z_t)$ H^* 代表了持续经营的价值。这意味股票的内在价值取决于两个方面，即当前资产的价值和未来经营产生的新的价值。这在直觉上与剩余收益模型是一致的。

完成动态内在价值评估模型只是构建基本面量化投资模型的第一步，还需要通过模型选择与调试环节，最终确定模型和输入的参数。然后利用确定的模型和参数来估计股票的内在价值，并基于这个内在价值来构建内在价值因子，以最终建立量化投资模型。

(7.4) 模型选择与调试

📖 7.4.1 评估模型的基本原则

以上介绍的内在价值评估模型都是根据企业或股票的实际基本价值评估过程进行评估的。模型的数学构造对输入的数据有所限制，这会对模型本身的适用性和功效产生影响。比如，静态模型中的恒定增长率的 Gordon 模型仅能评估股利不为负且预期股利增长率低于权益资本成本的股票。在实践中，针对不同的行业、股票板块和市场，我们通常面临着多种模型可供选择，因此，需要依据一些基本的原则对模型本身进行评价，以选取最合适的模型。通常情况下，我们主要从稳健性、精确性、无偏性以及预测能力四个维度评价和选择模型。

7.4.1.1　稳健性

稳健性描述的是一个模型能够对原始股票池中多少只股票进行价值评估，常常也被称为模型的耐用性。由于建立一个内在价值评估模型的成本往往大幅高于相对价值评估模型，所以投资公司希望寻找一个能够评估更多股票的模型。

我们一般通过用模型的基本假设与公司的实际情况做比较，来评估模型的稳健性。如果我们要使用恒定增长率的 Gordon 模型，那么必须依据股利支付不为负和预期股利增长率低于权益资本成本这两个基本条件在原始股票池中筛选符合要求的公司的股票。如果我们要使用 GROW 模型，那么拟评估的股票至少要满足股利支付为正的条件。符合模型要求的股票数量占原始股票池的比率越大，则说明模型的耐用性越强。通常来讲，动态模型的耐用性要优于静态模型，因为其隐含的基本假定更少。

7.4.1.2　精确性

精确性衡量的是依据模型计算出的股票内在价值与其实际价格相近的程度。在直观上看，模型最吸引人的特征是，其能否得出与股票实际价格相一致的评估结果。如果得出的股票内在价值与实际价格相差太大，则必然令人生疑。通常采用定价偏差来衡量模型的精确性，其表达式如下：

$$MP_{it} = \frac{IV_{it} - P_{it}}{P_{it}} \tag{7-23}$$

其中，MP_{it} 表示在时期 t 对股票 i 的定价偏差，P_{it} 表示股票的市场价格，IV_{it} 表示模型得出来的股票的内在价值。模型的定价偏差越小，则说明模型的精确性越高。如果模型是合理的，利用定价偏差可以对股票进行排序，定价偏差高且为正的股票可能被市场低估，定价偏差低且为负的股票则可能被市场高估。由于定价偏差通常不太可能是正态分布，所以在利用定价偏差来考察多只股票时，最好用定价偏差的中位数来进行比较。也可以利用定价偏差的绝对值的累积分布函数图来评估模型的精确性。在累积分布图中，如果用定价偏差作为横轴，用被评估股票的百分比作为纵轴，那么精确性越高的模型，其累积分布函数图形越陡峭，反之，则越平坦。当然，也可以将精确性和稳健性结合起来作累积分布函数图，来考察模型两个方面的特性（见图7-1）。

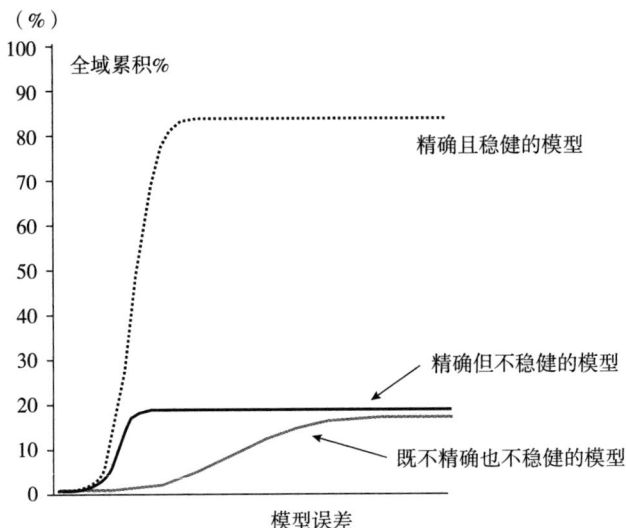

图7-1　比较模型的精确性与稳健性

7.4.1.3　无偏性

平均而言，如果一个模型估计的股票的内在价值等于实际的市场价格，那么我们说这个模型具有无偏性。因此，无偏性度量的是模型是否存在系统性地高估或者低估股票价值的倾向。通常情况下，我们认为无偏的模型应是50%的股票市场价格高于其内在价值，其余50%的股票市场价格低于其内在价值。无偏性与精确性之间存在关联——股票评估结果系统性地过低或过高于其内在价值的模型，不可能产生精确的评估结果。

具体地，主要有两种方法来评价模型的无偏性，即市场价格—内在价值比率法和一元回归模型。就市场价格—内在价值比率而言，如果在样本中该比率不显著异于1，则说明模型具有较好的无偏性。如果采用一元回归模型，我们可以构建以下模型：

$$P_{it} = \alpha_0 + \alpha_1 IV_{it} + \varepsilon_{it} \qquad (7-24)$$

其中，α_0 和 α_1 分别为回归模型的截距项和斜率项，ε_{it} 为随机误差项。由于股票的市场价格和模型计算出的内在价值通常都不服从正态分布，所以我们建议采用分位数方法回归模型（7-24）。如果模型的拟合程度足够高，斜率项不显著异于1，那么说明模型在无偏性方面表现较好。如果采用分位数回归，我们还能比较轻易地观测不同分位数水平的模型在无偏性上的表现。

7.4.1.4　预测能力

预测能力衡量的是模型预测未来股价走向的能力。内在价值评估模型隐含的假设是，已经偏离了内在价值的股票价格将向其内在价值的方向移动。如果当期股票市场价格高于其内在价值，那么我们预期下一期股票市场价格将下降；反之，则预期下期股价将上升。预测能力就是，基于此逻辑我们能够准确预测股票价格运动趋势的概率。对于投资者来说，一个模型的好坏并非取决于其估计的股票的内在价值多么接近其市场价格，而是人们能否利用股票内在价值与市场价值之间的偏差低风险地获得超额报酬。因此，预测能力是评价模型好坏最重要的原则。

为了评估模型的预测能力，我们可以先计算式（7-25）的定价偏差，然后与第6章相对价值评估模型相似，将其视作一个选股因子。那么，我们就可以采用单变量分组检验、多变量分组检验、Fama-Macbeth 横截面回归以及因子模型时间序列回归等方法，评估定价偏差的预测能力。一个模型产生的定价偏差的预测能力越强，说明该模型的预测能力也越强。

📖 7.4.2　模型参数化与调试

静态模型本身的精简和不稳定性，使合理的参数设置与调整模型起着至关重要的作用。通常静态模型需要设定一组初始的参数，然后通过精细的调整来进一步实现模型的选择和改进。而在动态模型中，参数设置相对要简单得多，大部分参数可以基于价值评估角度调整后的财务报表设置。

由于企业定期公布的会计信息并不能直接用于价值评估，所以模型参数设置的第一步是调整企业的财务报表，将会计信息转化为估值信息。会计信息与估值信息之间的差异与转换已经在第 2 章和第 3 章做了详细的讨论，读者可以阅读前述相关章节，这里不再详细展开介绍。

在静态模型中，通常需要依据最初模型的基本特性设置一组初始参数。比如 Robert 和 Rawley（2009）采用的股利折现模型倾向于系统地低估股票的内在价值，因此，在初始化参数设置时，先选择在一定程度上高估股票内在价值的参数。他们对于每一家公司都使用长期国库券利率作为无风险利率，用公司所在行业贝塔值的中位数作为公司的贝塔，用 3% 的风险溢价来计算每只股票的权益资本成本，将稳定增长阶段的恒定增长率设置为 5%。

动态模型更加复杂，往往需要设置更多的参数。我们以 Lazzati 和 Menichini（2018）为例，来说明初始参数的设置。Lazzati 和 Menichini（2018）的模型中需要设置的参数包含资本存量、劳动力、营运资产比率、折旧率、税率、债务成本、破产概率、预期增长率、权益资本成本、营业利润函数和利润冲击函数。他们用总资产的账面价值衡量资本存量；用职工工资总额来衡量劳动力；用销售费用和管理费用之和与总资产账面价值的比值衡量营运费用比率；用平均资产折旧与摊销占总资产账面价值的比率衡量折旧率；用所得税占税前利润的比率衡量有效税率；用财务费用与总负债账面价值的比率衡量债务成本；用总债务占总资产的比率衡量破产概率；用公司过去五年的平均增长率来衡量预期增长率；用 Fama-French 三因子模型估计权益资本成本；用营业利润、资本存量和劳动力的对数构建回归方程，分别估计资本和劳动对营业利润的弹性；利用这个回归方程的残差序列构建一阶自回归模型，估计利润冲击函数中的参数获得随机利润冲击函数的截距项和斜率项，而利润冲击的波动性则来自一阶自回归方程的残差项的方差。

在对参数进行初始化设置后，模型的定制者还需要选择一个系统化改进其模型精确性的方法，以使模型获得更佳的预测能力。要确定模型什么地方需要进行重大改进，可以采用参数偏差检测程序。这一程序能够确定与模型改进目

标存在重大关联的变量。模型改进目标可以是增加模型的精确性、无偏性或者
预测能力。为了说明其具体流程，我们以 Robert 和 Rawley（2009）为例，他们
试图改进估计权益资本成本中的贝塔值。在设置初始参数时，贝塔值采用了行
业中位数，用初始参数的贝塔作为解释变量，用模型的定价偏差作为被解释变
量，构建模型进行分位数回归。如果回归结果证明贝塔值对定价偏差具有显著
的影响，那么可以调整贝塔值以获得更加优越的模型。Robert 和 Rawley（2009）
直接将行业中位数统一地替换为 1，然后再重新利用模型进行价值评估。之后，
再分别比较重新设定参数之后，模型在稳健性、精确性、无偏性以及预测能力
方面的变化，并在多种模型之间进行比较。如此，循环往复，通过不断地调整
参数和选择模型，以确定最终所采用的模型。当然，这个过程相当耗费精力，
但是机器学习在相关方面的进展，使模型调试更加便捷。

7.4.3　机器学习在模型调试中的应用

在前面，我们提到参数选择对模型的选择和调试具有至关重要的作用，但
是传统的调试参数的方法非常耗费资源和精力，但幸运的是，机器学习在相关
方面的进展能够有效地解决该问题。机器学习中主要的调试参数的方法有网格
搜索（Grid Search）、随机搜索（Random Search）和贝叶斯优化（Bayesian Opti-
mization）。这里我们主要介绍网格搜索方法。

网格搜索法，是指定参数值的一种穷举搜索方法。在所有候选的参数中，
通过循环遍历尝试每一种可能性，然后利用交叉验证的方法找出表现最好的参
数的一种学习算法。其基本原理与前面所述的手动调试参数相似，只是可以利
用计算机程序进行自动化的验证和选择，而且可以同时调试多个参数。为了简
要说明该方法的基本原理，我们假定目标是要寻找预测能力最好的模型，而需
要调试的参数是贝塔值和增长率。其基本做法是：首先，我们将样本中的所有
公司划分为训练集和测试集；其次，在给定模型的其他参数后，设定贝塔值和
增长率的初始参数；再次，将所有可能的贝塔值和增长率进行组合，在训练集
测试没对贝塔值和增长率的组合计算模型的投资组合收益，筛选得到最优的参

数组合；最后，将最优参数应用于测试集上，由此得到最终的投资绩效和最优参数组合。如果使用 Python 语言，那么调用 Sklearn 库下面的 GridSearchCV 函数可以轻松实现网格搜索。如果使用 R 语言，则可以调用 grid_search 函数来实现网格搜索。

(7.5) 基于内在价值评估模型的基本面量化实施路径

到目前为止，我们已经介绍了两类可以用于基本面量化的内在价值评估方法，即在数学形式上比较简单的静态内在价值评估模型和稍微复杂的动态内在价值评估模型，说明了选择和评估模型的基本原则、调整参数的具体方法。但是掌握了这些，离构建一个可用的优秀的基本面量化模型还有一定的距离。接下来，我们展现如何基于内在价值评估模型构造量化投资模型。

第一步，调整财务报表，将原始的会计信息转化为估值信息。这是我们构建任何基本面量化投资模型的首要步骤，因为会计报表的基本原则与价值评估的基本原则具有非常大的差异。具体过程我们不再详述，读者可以回到本书第2章和第3章，查看计算不同类型现金流的具体过程。但需要注意的是，与相对价值评估模型相比，在运用内在价值评估模型时，我们可以不用太过强调基本面信息在公司间截面数据上的统一性和可比性。比如，我们可以不用太过担心在同一时期不同公司采用的折旧方法或者存货度量方法的不同会对估值结果产生重大影响。内在价值评估模型更加注重在实践序列上，每个公司采取会计政策的一致性。比如，一家公司上一期采用 LIFO 方法来估计存货，而在下一期则采用 FIFO 方法，这时我们需要进行调整，保证公司在不同期间的会计信息的一致性，以获得在时间序列上一致的估值信息。

第二步，选择和构建模型。在将会计信息转换为估值信息后，我们可以获得对数据的一些直观性的认识，可以基于这些理解选择和构建估值模型。大体上有两类内在价值评估模型可供选择，即静态价值评估模型和动态价值评估模型。静态模型在构建的时候显得比较简单，但是在后续的模型评估、参数调试等方面可能会比较麻烦。另外，我们不能太过寄希望于一个简单的模型能够精确地估计大多数股票的内在价值，而是要努力提升其预测能力。动态模型的数学构造更加烦琐，而且涉及比较复杂的求解问题，但是模型的假定更少也更加符合实际。在理解这两类模型的特征后，我们可以选择一类模型，深入地建模。模型建好之后，需要进行参数初始化设置和模型的评估。我们通常可以依据模型在稳健性、精确性、无偏性和预测能力这四个方面的表现进一步选择最优的模型。最后，我们还必须进行进一步的参数调试，提高模型的预测能力。当然，稳妥起见，我们还可以将最优的参数代入上一步所有的备选模型，进一步验证模型选择的合理性。

第三步，构建内在价值选股因子。构建选股因子的过程与基于相对价值评估模型构建选股因子的过程相似。首先，利用内在价值评估模型，可以估计出每只股票的内在价值。这个内在价值与从相对估值模型中获得的公允价格不同。公允价格取决于可比公司的价格，会受到市场对整个行业或者所有股票的评价的影响。如果可比公司整体被市场高估，那么公允价格也会被高估；如果可比公司整体被市场低估，则公允价格也会被低估。然而由内在价值评估模型得到的股票的内在价值不受市场整体评价的影响，仅仅取决于企业自身的现金流、增长和风险特征。唯一可能受到市场整体评价影响的元素是风险，因为一些计算权益资本的程序可能会受到市场整体评价的影响。利用模型估计的股票的内在价值和股票的实际价格，我们就可以构建一个定价偏差：

$$MP_{it} = \frac{V_{it} - P_{it}}{P_{it}} \qquad (7-25)$$

其中，MP_{it} 表示定价偏差；V_{it} 表示模型估计出来的股票的内在价值；P_{it} 表示市场上观测到的股票的实际价格。同样，如果市场价格有向其内在价值运动的趋势，那么我们预期定价偏差与股票的预期收益率正相关。因此，可将这个定价偏差作为一个基于内在价值的选股因子。

第四步，构建收益率模型。有了内在价值选股因子，我们就可以按照第6章6.1.1的思路构建收益率模型。即便内在价值选股因子的理论足够坚实，但为了建立有效的量化投资模型，内在价值选股因子仍然需要通过多种检验，如单变量分组检验、多变量分组检验、Fama-Macbeth 横截面回归和因子模型时间序列回归等。检验必须与前文所述的模型选择和参数调整过程结合起来。只有通过不断检验内在价值选股因子的预测能力，重新选择模型和调整参数设置，才能够最终得到最优的内在价值选股因子。

由于内在价值因子本身包含了股票的真实价值且不受市场整体评价的影响，所以使用该因子就直接跳过了第6章6.2提到的"价值陷阱"。因此，在构建收益率模型时既不必要将价值损害和未来也不创造价值的股票排除在原始股票池外，也不必要在收益率模型中增设价值创造因子。如果选择的模型的稳健性足够好，基于内在价值评估的基本面量化投资模型的股票池的范围会比传统的多因子模型和基于相对价格评估的基本面量化模型广得多。股票池就是内在价值评估模型兼容的所有股票，由此也更容易选择一些更具潜力的"极端股票"。

在时间尺度方面，由于股票价格终将回归其内在价值，那么对于调仓周期足够长的投资，如每年调仓一次，也不必要在收益率模型中加入非基本面因子。但是如果调仓周期较短，如每季度、每月甚至更短的周期，那么还是有必要加入非基本面的因子。因为如果市场并非足够有效，市场情绪等非基本面因素仍然对股票价格具有举足轻重的影响。

最后，在利用收益率模型选股之后，仍然需要结合风险模型构建资产组合，进行投资实践和归因分析。每一期结束后，也仍然需要结合业绩和归因分析，进一步选择、构建和调整下一期的模型。如此循环往复。

本章小结

本章基于内在价值评估理论构建了两类基本面量化投资模型，即基于静态的内在价值评估模型的基本面量化投资模型和基于动态的内在价值评估模型的基本面量化投资模型。

原则上几乎所有的静态内在价值评估模型都可以用于构建量化投资模型。但是就建模的目的而言，与用于精确估计个别资产真实价值的内在价值评估模型相比，用于构建量化模型的内在价值评估模型更加注重模型的预测能力、兼容性以及客观性与灵活性的结合。动态的内在价值评估模型相对复杂，涉及一些比较高深的数学知识。本章在一个一般的模式下详细介绍了如何构建和求解动态内在价值评估模型。动态内在价值评估模型的优势在于，假定精简、目标函数与模型运行方式贴近实际以及建模方式更加灵活。模型求解是动态内在价值评估模型的难点，本章介绍了三种求解方式，即值函数迭代法、猜测证明法以及霍华德改进算法。为了便于读者理解，本章分别以 Robert 和 Rawley（2009）及 Lazzati 和 Menichini（2018）为例详细介绍了两类模型的构建过程。

由于可供选择的内在价值评估模型繁多，而且它们都特别灵活，所以选择合适的模型及最优的参数起着至关重要的作用。本章介绍了选择模型的四个基本原则，即稳健性、精确性、无偏性和预测能力。模型调试一般始于一组最初的参数，通过参数偏差选择程序可以发现最重要的变量。参数调整比较花费精力，但机器学习的兴起带来了一些卓越的工具，本章主要介绍了其中的网格搜索方法。最后，本章将这些元素综合在一起，系统化地阐述了基于内在价值评估模型的基本面量化投资模型的实施路径。

参考文献

［1］Altman, Edward I. Financial ratios, discriminant analysis and the prediction of corporate bankruptcy ［J］. The Journal of Finance, 1968, 23 (4): 589-609.

［2］Angrist, Joshua, Pischke, Jorn-Steffen. Mostly Harmless Econometrics: An Empiricist's Companion ［M］. Princeton University Press, 2009.

［3］Asness, Clifford S, Frazzini, Andrea, Pedersen, Lasse Heje. Quality minus junk ［J］. Review of Accounting Studies, 2019, 24 (1): 34-112.

［4］Ball, Clifford A & Torous, Walter N. Stochastic correlation across international stock markets ［J］. Journal of Empirical Finance, 2000, 7 (3-4): 373-388.

［5］Barclay, Michael J, Warner, Jerold B. Stealth trading and volatility: Which trades move prices? ［J］. Journal of Financial Economics, 1993, 34 (3): 281-305.

［6］Bartram, Söhnke M, Grinblatt, Mark. Agnostic fundamental analysis works ［J］. Journal of Financial Economics, 2008, 128 (1): 125-147.

［7］Bathke, Allen W, Lorek, Kenneth S. The Relationship between Time-Series Models and the Security Market's Expectation of Quarterly Earnings ［J］. The Accounting Review, 1984, 59 (2): 163-176.

［8］Bender, Jennifer, Sun, Xiaole, Thomas, Ric, Zdorovtsov, Volodymyr. The promises and pitfalls of factor timing ［J］. The Journal of Portfolio Management, 2018, 44 (4): 79-92.

［9］Beneish, Messod D. The detection of earnings manipulation ［J］. Financial Analysts Journal, 1999, 55 (5): 24-36.

［10］Bernard, Victor L, Thomas, Jacob K. Post-earnings-announcement drift:

delayed price response or risk premium? [J]. Journal of Accounting Research, 1989, 27: 1-36.

[11] Bessembinder, Hendrik. Trade execution costs and market quality after decimalization [J]. Journal of Financial and Quantitative Analysis, 2003, 38 (4): 747-777.

[12] Blume, Marshall E. Betas and their regression tendencies [J]. The Journal of Finance, 1975, 30 (3): 785-795.

[13] Boudoukh, Jacob, Feldman, Ronen, Kogan, Shimon, Richardson, Matthew, Which news moves stock prices? A textual analysis. NBER working paper, No. W18725, Available at SSRN: http://ssrn.com/abst-ract=2207241.

[14] Brenner, Menachem, Smidt, Seymour. A simple model of non-stationarity of systematic risk [J]. The Journal of Finance, 1977, 32 (4): 1081-1092.

[15] Brown, Lawrence D, Rozeff, Michael S, Univariate time-series models ofquarterly accounting earnings per share: A proposed model [J]. Journal of Accounting Research, 1979, 17 (1): 179-189.

[16] Campbell, John. A variance decomposition for stock returns [J]. Economic Journal, 1991, 101 (405): 157-79.

[17] Campbell, John Y, Hilscher, Jens, Szilagyi, Jan. In search of distress risk [J]. The Journal of Finance, 2008, 63 (6): 2899-2939.

[18] Campbell, John Y, Shiller, Robert J. Stock prices, earnings, and expected dividends [J]. The Journal of Finance, 1988a, 43 (4): 661-676.

[19] Campbell, John Y, Shiller, Robert J. The dividend-price ratio and expectations of future dividends and discount factors [J]. The Review of Financial Studies, 1988b. 1 (3): 195-228.

[20] Carhart M M. On persistence in mutual fund performance [J]. Social Science Electronic Publishing, 1997, 52 (1): 57-82.

[21] Chee, Seungmin, Sloan, Richard, Uysal, Aydin. A framework for value investing [J]. Australian Journal of Management, 2013, 38 (3): 599-633.

[22] Cohen, Randolph B, Polk, Christopher, Vuolteenaho, Tuomo. The value spread [J]. The Journal of Finance, 2003, 58 (2): 609-641.

[23] Cruz, Fábio Marques Da, Gomes, Maria Yêda Falcão Soares De Filgueiras. The influence of rumors in the stock market: A case study with Petrobras [J]. Transinformação, 2013, 25: pp. 187-193.

[24] Damodaran, Aswath. Value creation and enhancement: Back to the future [M]. New York University, Leonard N. Stern School of Business, 1999.

[25] Damodaran, Aswath. Investment valuation: Tools and techniques for determining the value of any asset [M]. John Wiley & Sons, Inc, 2012.

[26] Damodaran, Aswath. Equity risk premiums: Determinants, estimation and implications – The 2020 edition. Available at SSRN: https://ssrn.com/abstract = 3550293, 2020a.

[27] Damodaran, Aswath. Country risk: Determinants, measures and implications-The 2021 edition. Available at SSRN: https://ssrn.com/abstract=3879109, 2020b.

[28] Daniel, Kent, Hirshleifer, David, Sun, Lin. Short-and long-horizon behavioral factors [J]. The Review of Financial Studies, 2020, 33 (4): 1673-1736.

[29] Daniel, Kent, Titman, Sheridan. Evidence on the characteristics of cross-sectional variation in stock returns [M]. Princeton University Press, 2005.

[30] Deangelo, Linda Elizabeth. Accounting numbers as market valuation substitutes: A study of management buyouts of public stockholders [J]. Accounting Review, 1986, 61 (3): 400-420.

[31] Dimson, Elroy, Marsh, Paul, Staunton, Mike. Factor-based investing: The long-term evidence [J]. The Journal of Portfolio Management, 2017, 43 (5): 15-37.

[32] Engle R F, Granger, Cwj. Cointegration and error-correction: Representation, estimation and testing [J]. Econometrica, 1987, 55 (2): 251-276.

[33] Fabozzi, Frank J, Francis, Jack Clark. Beta as a random coefficient [J].

Journal of Financial and Quantitative Analysis, 1978, 13 (1): 101-116.

[34] Fama E F & French K R, Common risk factors in the returns on stocks and bonds [J]. Journal of Financial Economics, 1993, 33 (1): 3-56.

[35] Fama, Eugene F. Efficient capital markets: A review of theory and empirical work [J]. The Journal of Finance, 1970, 25 (2): 383-417.

[36] Fama, Eugene F, French, Kenneth R. A five-factor asset pricing model [J]. Journal of Financial Economics, 2015, 116 (1): 1-22.

[37] Fama, Eugene F, French, Kenneth R. Dissecting anomalies with a five-factor model [J]. The Review of Financial Studies, 2016, 29 (1): 69-103.

[38] Fama, Eugene F, French, Kenneth R. International tests of a five-factor asset pricing model [J]. Journal of Financial Economics, 2017, 123 (3): 441-463.

[39] Fama, Eugene F, French, Kenneth R. The cross-section of expected stock returns [J]. The Journal of Finance, 1992, 47 (2): 427-465.

[40] Feltham G A, Ohlson J A. Valuation and clean surplus accounting for operating and financial activities [J]. Contemporary Accounting Research, 1995, 11 (2): 689-731.

[41] Fernandez, Pablo. WACC: Definition, misconceptions, and errors [J]. Business Valuation Review, 2010, 29 (4): 138-144.

[42] Foster, George. Quarterly accounting data: Time-series properties and predictive-ability results [J]. Accounting Review, 1977, 52 (1): 1-21.

[43] Frankel, Richard, Lee, Charles Mc. Accounting valuation, market expectation, and cross-sectional stock returns [J]. Journal of Accounting and Economics, 1998, 25 (3): 283-319.

[44] Fuller, Russell J, Huberts, Lex C, Levinson, Michael J. Returns to E/P strategies, higgledy-piggledy growth, analysts' forecast errors, and omitted risk factors [J]. Journal of Portfolio Management, 1993, 19 (2): 13-24.

[45] Goedhart, Marc, Koller, Timothy, Wessels, David. Do fundamentals-or emotions-drive the stock market [J]. McKinsey Quarterly, 2005, 475394.

［46］Gordon, Myron J, Shapiro, Eli. Capital equipment analysis: The required rate of profit ［J］. Management Science, 1956, 3 (1): 102-110.

［47］Grabowski, Roger J, Harrington, James P, Nunes, Carla 2016 International Valuation Handbook - Guide to Cost of Capital ［M］. John Wiley & Sons, Inc, 2015.

［48］Graham, Benjamin, Dodd, David Le Fevre, Cottle, Sidney Security analysis ［M］. McGraw-Hill New York, 1934.

［49］Gray, Wesley R, Vogel, Jack. Analyzing valuation measures: A performance horse race over the past 40 years ［J］. The Journal of Portfolio Management, 2012, 39 (1): 112-121.

［50］Greene, William H Econometric Analysis ［M］, Prentice Hall, 2017.

［51］Griffin, John M, Lemmon, Michael L ［M］. Book-to-market equity, distress risk, and stock returns ［J］. The Journal of Finance, 2002, 57 (5): 2317-2336.

［52］Griffin, Paul A The time-series behavior of quarterly earnings: Preliminary evidence ［J］. Journal of Accounting Research, 1977, 15 (1): 71-83.

［53］Healy, Paul M. The effect of bonus schemes on accounting decisions ［J］. Journal of Accounting and Economics, 1985, 7 (1-3): 85-107.

［54］Hou, Kewei, Xue, Chen, Zhang, Lu. Digesting anomalies: An investment approach ［J］. Review of Financial Studies, 2015, 28 (3): 650-705.

［55］Hou, Kewei, Mo, Haitao, Xue, Chen, Zhang, Lu. Security Analysis: An investment perspective, National Bureau of Economic Research Working Paper Series, No. 26060, 2019.

［56］Jensen, Michael C. Agency costs of free cash flow, corporate finance, and takeovers ［J］. The American Economic Review, 1986, 76 (2): 323-329.

［57］Jermann, Urban, Quadrini, Vincenzo. Macroeconomic effects of financial shocks ［J］. American Economic Review, 2012, 102 (1): 238-71.

［58］Jiang, Hao. Institutional investors, intangible information, and the book-to-market effect［J］. Journal of Financial Economics, 2010, 96（1）: 98-126.

［59］Jones, Jennifer J. Earnings management during import relief investigations ［J］. Journal of Accounting Research, 1991, 29（2）: 193-228.

［60］Kaplan, Steven N, Ruback, Richard S. The valuation of cash flow forecasts: An empirical analysis［J］. The Journal of Finance, 1995, 50（4）: 1059-1093.

［61］Koenker, Roger, Bassett Jr, Gilbert. Regression quantiles［J］. Econometrica: Journal of the Econometric Society, 1978, 46（1）: 33-50.

［62］Koller, Tim, Goedhart, Marc, Wessels, David. Valuation: Measuring and managing the value of companies［M］. John Wiley and Sons, 1990.

［63］Kothari, Sagar P, Leone, Andrew J, Wasley, Charles E. Performance matched discretionary accrual measures［J］. Journal of Accounting and Economics, 2005, 39（1）: 163-197.

［64］Lakonishok, Josef, Shleifer, Andrei, Vishny, Robert W. Contrarian investment, extrapolation, and risk［J］. The Journal of Finance, 1994, 49（5）: 1541-1578.

［65］Lazzati, Natalia, Menichini, Amilcar A. dynamic model of firm valuation ［J］. Financial Review, 2018, 53（3）: 499-531.

［66］Lee, Charles, So, Eric C. Alphanomics: The informational underpinnings of market efficiency［J］. Foundations and Trends（R）in Accounting, 2015, 9（2-3）: 59-258.

［67］Levine, Ross, Loayza, Norman, Beck, Thorsten. Financial intermediation and growth: Causality and causes［J］. Journal of Monetary Economics, 2000, 46 （1）: 31-77.

［68］Lintner, John. Security prices, risk, and maximal gains from diversification ［J］. The Journal of Finance, 1965, 20（4）: 587-615.

［69］Liu, Jianan, Stambaugh, Robert F, Yuan, Yu. Size and value in China ［J］. Journal of Financial Economics, 2019, 134（1）: 48-69.

［70］Ljungqvist, Lars, Sargent, Thomas J. Recursive macroeconomic theory

[M]. MIT Press, 2012.

[71] Longin, Francois, Solnik, Bruno. Extreme correlation of international equity markets [J]. The Journal of Finance, 2001, 56 (2): 649-676.

[72] Markowitz H M. Portfolio selection [J]. The Journal of Finance, 1952, 7 (1): 77.

[73] Mcgroarty, Frank, Booth, Ash, Gerding, Enrico, Chinthalapati, Vl Raju. High frequency trading strategies, market fragility and price spikes: An agent based model perspective [J]. Annals of Operations Research, 2019, 282 (1), 217-244.

[74] Menkveld, Albert J. The economics of high-frequency trading: Taking stock [J]. Annual Review of Financial Economics, 2016, 8: 1-24.

[75] O'shaughnessy, James P. What works on wall street: The classic guide to the best-performing investment tstrategies of all time [M]. New York: McGraw Hill, 2012.

[76] Obrycki, Daniel J, Resendes, Rafael. Economic margin: The link between EVA and CFROI [A]. Value-based metrics: foundations and practice [M]. Wiley, New York, 2000.

[77] Ohlson J A. Earnings, book values, and dividends in equity valuation [J]. Contemporary Accounting Research, 1995, 11 (2).

[78] Ohlson, James A. Financial ratios and the probabilistic prediction of bankruptcy [J]. Journal of Accounting Research, 1980, 18 (1): 109-131.

[79] Penman S H, Reggiani F. The value trap: Value buys risky growth [J]. Ssrn Electronic Journal, 2014.

[80] Peterkort, Robert F, Nielsen, James F. Is the book-to-market ratio a measure of risk [J]. Journal of Financial Research, 2005, 28 (4): 487-502.

[81] Riddick, Leigh A, Whited, Toni M, The corporate propensity to save [J]. The Journal of Finance, 2009, 64 (4): 1729-1766.

[82] Robert, Novy-Marx. The other side of value: The gross profitability premium [J]. Journal of Financial Economics, 2013, 108: 1-28.

[83] Rothenstein, Jeffrey M, Tomlinson, George, Tannock, Ian F, Detsky, Allan S. Company stock prices before and after public announcements related to oncology drugs [J]. Journal of the National Cancer Institute, 2011, 103 (20): 1507-1512.

[84] Rozeff, Michael S. The three-phase dividend discount model and the ROPE model [J]. Journal of Portfolio Management, 1990, 16 (2): 36-42.

[85] Schumaker, Robert P, Maida, Nick. Analysis of stock price movement following financial news article release [J]. Communications of the IIMA, 2018, 16 (1): 1.

[86] Sharpe, William F. Capital asset prices: A theory of market equilibrium under conditions of risk [J]. The Journal of Finance, 1964, 19 (3): 425-442.

[87] Shiller, Robert J, Fischer, Stanley, Friedman, Benjamin M, Stock prices and social dynamics [J]. Brookings Papers on Economic Activity, 1984 (2): 457-510.

[88] Sloan, Richard G. Fundamental analysis redux [J]. The Accounting Review, 2019, 94 (2): 363-377.

[89] Stambaugh, Robert F, Yuan, Yu. Mispricing factors [J]. The Review of Financial Studies, 2017, 30 (4): 1270-1315.

[90] Stewart, G Bennett. The quest for value [M]. Harper Collins, 1991.

[91] Thomas, Rawley, Gup, Benton E. The valuation handbook: Valuation techniques from today's top practitioners [M]. John Wiley & Sons, 2009.

[92] Tortoriello, Richard. Quantitative strategies for achieving alpha [M]. McGraw Hill, 2009.

[93] Volberda, Henk W, Morgan, Robert E, Reinmoeller, Patrick, Hitt, Michael A, Ireland, R Duane, Hoskisson, Robert E. Strategic management: Competitiveness and globalization (concepts & cases) [M]. Andover: Cengage Learning, 2011.

[94] Vuolteenaho, Tuomo. What drives firm-level stock returns? [J]. The Journal of Finance, 2002, 57 (1): 233-264.

［95］Watts, Ross L. The time series behavior of quarterly earnings ［M］. Department of Commerce, University of Newcastle, 1975.

［96］Wooldridge, Jeffrey M. Econometric analysis of cross section and panel data ［M］. MIT Press, 2010.

［97］Xiao, Zhijie. Time series quantile regressions ［A］. Handbook of Statistics ［M］. Elsevier, 2012: 213-257.

［98］Yang, Li, Tapon, Francis, Sun, Yiguo. International correlations across stock markets and industries: Trends and patterns 1988-2002 ［J］. Applied Financial Economics, 2006, 16 (16): 1171-1183.

［99］崔劲, 殷霞, 豁秋菊. CAPM 模型在中国资本市场的改进研究——基于规模溢价的实证分析 ［J］. 中国资产评估, 2020 (5): 60-66+80.

［100］黄静, 董秀良. 证券分析师业绩预测和投资评级准确性实证分析 ［J］. 会计与经济研究, 2005, 25 (5): 742-749.

［101］李斌, 冯佳捷. 中国股市的公司质量因子研究 ［J］. 管理评论, 2019, 31 (3): 14-26.

［102］李丽青. 分析师盈利预测能表征'市场预期盈利'吗？——来自中国 A 股市场的经验证据 ［J］. 南开管理评论, 2012, 15 (6): 44-50+84.

［103］李子奈, 潘文卿. 计量经济学 (第四版) ［M］. 北京: 高等教育出版社, 2015.

［104］马喜德, 郑振龙. 贝塔系数的均值回归过程 ［J］. 工业技术经济, 2006 (1): 100-101.

［105］石川, 刘洋溢, 连祥斌. 因子投资: 方法与实践 ［M］. 北京: 电子工业出版社, 2020.

［106］翁洪波, 吴世农, 2006, "我国上市公司价值创造与价值损害的判定分析 ［J］. 经济管理, 2006 (8): 32-41.

［107］吴超鹏, 吴世农. 基于价值创造和公司治理的财务状态分析与预测模型研究 ［J］. 经济研究, 2005 (11): 99-110.

［108］吴世农, 卢贤义. 我国上市公司财务困境的预测模型研究 ［J］. 经

济研究，2001（6）：46-55+96.

［109］于阳，李怀祖 . 中国 A 股市场规模溢价与价值溢价成因研究［J］.
经济管理，2005（22）：68-74.

［110］张然，汪荣飞 . 基本面量化投资：运用财务分析和量化策略获取额
收益［M］. 北京：北京大学出版社，2017.

［111］朱红兵，张兵，陈慰 . 投资者情绪、卖空限制与规模溢价效应研究
［J］. 证券市场导报，2019，12：60-70.

［112］注册估值分析师协会 . 中国企业资本成本参数估计表（2020 版）
［M］. 注册估值分析师协会，2020.